本书系2021年度甘肃省教育厅教育揭榜挂帅项目
《敦煌与河西走廊影视传播与产业转化》
（项目批准号2021JYJBGS-07）阶段成果之一

The story of the Silk Road

丝路风云

亚洲腹地的烟云烽火

徐兆寿　曹　忠　著

敦煌文艺出版社

图书在版编目（CIP）数据

丝路风云 / 徐兆寿，曹忠著 . — 兰州：敦煌文艺出版社，2022.06
ISBN 978-7-5468-2010-1

Ⅰ．①丝… Ⅱ．①徐… ②曹… Ⅲ．①丝绸之路—通俗读物 Ⅳ．① K928.6-49

中国版本图书馆 CIP 数据核字（2021）第 007668 号

丝路风云
徐兆寿 曹 忠 著

责任编辑：杨继军
编　　辑：马吉庆
装帧设计：吉　庆

敦煌文艺出版社出版、发行
本社地址：（730030）兰州市读者大道 568 号
本社邮箱：dunhuangwenyi1958@163.com
0931-8121069（编辑部）　　0931-8773112（发行部）

天津旭丰源印刷有限公司印刷
开本 787 毫米 ×1092 毫米　1/32　印张 8.75　插页 1　字数 250 千
2021 年 6 月第 1 版　2022 年 6 月第 1 次印刷
印数：1 ~ 4 000 册

ISBN 978-7-5468-2010-1
定价：38.00 元

如发现印装质量问题，影响阅读，请与印刷厂联系调换。
本书所有内容经作者同意授权，并许可使用。
未经同意，不得以任何形式复制转载。

序　言

烈日炎炎。

一根草发出嘶哑的哭喊：渴……渴死了……

十万根黄草发出烧焦的声音。北方草原上已经很久没有雨水的浇灌了。曾经的河流走着走着就停止了，然后就死了，剩下僵尸般的河床，横亘于辽阔的草原。

一匹母马发出悲哀的嘶鸣。她的眼前是刚刚死去的幼马，而幼马的主人是草原上的小王子。他悲伤地问自己的父亲，我们何时才能找到永久的水源？

他的父亲，便是北方草原上伟大的共主——共工。

共工再次看着南方，他仿佛看到了绿色和水源，舌头在嘴里不禁动了动。随着感受到的一丝虚无的香甜，他发出了坚决的命令，打！于是，黄帝一族与共工一族在黄河之畔进行旷日持久的战争，一直延续到黄帝不知多少代的孙子大禹才将共工之臣相柳斩于昆仑之北、柔利之东。那里血液成河，黄昏与大地相连，分不清哪是天，哪是地。其血有毒，所流之地不能种树。

连丞相都如此厉害，何况伟大的共工。这便是传说中的"共工一怒。"

早在相柳之死数百年前（这上古的时间很难计算，至少，似乎不能用我们现在的方法来计算），共工与祝融大战，结果失败了，共工大怒，一头撞向天地的柱子——不周山。可怜一座大山，竟然禁不起共工这么一撞，天崩地裂，山倾西北，地陷东南，洪水滔天，泄往东南。不周之山倒，西北便失去了护佑，于是不周之风从遥远的西方极寒之地吹来，再也没有大个子顶着，直接越过天山，在戈壁上又聚集起更多的风子风孙，从广袤的安西一路向东奔来，经过凉州时又纠集起腾格里沙漠的狂风，浩浩荡荡向东杀来，仿佛共工之阴魂。但被高高耸立的乌鞘岭一剑斩断，力量顿减。即使如此，不周之风有时仍然能吹到秦岭之界。

那里是黄帝建都之地。

在那个文明碰撞的伟大时代,世界向东,中国向西,一条横贯亚洲的文明交流大道迈过高山,穿过沙漠,跨过河流,越过荒原,像血脉一样,将东西文明连接在一起,在亚洲腹地碰撞出了无数绚烂烟火。在两千多年的历史征程中,这条贯穿中西的宏大道路上,经历了多次战争,每一次的烽火都见证了丝绸之路的兴衰,见证了一个个被深藏的动人故事。

目录

Contents

001	绪　论	草原往事
035	第一章	战略反击：西汉对匈奴的四次进攻
059	第二章	远征大宛：一场汗血马引起的战争
077	第三章	乌孙烽火：大国纷争中的西域骑士
095	第四章	羌地风云：西汉与羌人的百年纷争
111	第五章	郅支围城：明犯强汉者，虽远必诛
131	第六章	悲壮突围：十三将士归玉门
149	第七章	燕然勒功：窦宪出击北匈奴
169	第八章	怛罗斯战役：东西两大帝国的军事交锋
187	第九章	最后的西域：万里一孤城，尽是白发兵
203	第十章	卡特万战役：契丹与塞尔柱的巅峰对决
219	第十一章	一路向西：蒙古帝国的三次西征
241	第十二章	岭北之战：明朝被迫退出西域
259	参考文献	

丝路风云
SILU
FENGYUN

绪 论

草原往事

【远古之渴】

烈日炎炎。

一根草发出嘶哑的哭喊：渴……渴死了……

十万根黄草发出烧焦的声音。北方草原上已经很久没有雨水的浇灌了。曾经的河流走着走着就停止了，然后就死了，剩下僵尸般的河床，横亘于辽阔的草原。

一匹母马发出悲哀的嘶鸣。她的眼前是刚刚死去的幼马，而幼马的主人是草原上的小王子。他悲伤地问自己的父亲，我们何时才能找到永久的水源？

他的父亲，便是北方草原上伟大的共主——共工。

共工再次看着南方，他仿佛看到了绿色和水源，舌头在嘴里不禁动了动。随着感受到的一丝虚无的香甜，他发出了坚决的命令：打！于是，黄帝一族与共工一族在黄河之畔进行旷日持久的战争，一直延续到黄帝不知多少代的孙子大禹才将共工之臣相柳，斩于昆仑之北、柔利之东。那里血液成河，黄昏与大地相连，分不清哪是天，哪是地。其血有毒，所流之地不能种树。

连丞相都如此厉害，何况伟大的共工。

早在相柳之死数百年前（这上古的时间很难计算，至少不能用我们现在的方法来计算），共工与祝融大战，结果失败了，共工大怒,一头撞向天地的柱子——不周山。可怜一座大山,竟然禁不起共工这么一撞,天崩地裂,山倾西北,地陷东南,洪水滔天,泄往东南。不周之山倒,西北便失去了护佑,于是不周之风从遥远的西方极寒之地吹来,再也没有大个子顶着,直接越过天山,在戈壁上又聚集起更多的风子风孙,从广袤的安西一路向东奔来,经过凉州时又纠集起腾格里沙漠的狂风,浩浩荡荡向东杀来,仿佛共工之阴魂。但被高高耸立的乌鞘岭一剑斩断,力量顿减。即使如此,不周之风有时仍然能吹到秦岭之界。

那里是黄帝建都之地。

这一切都记录在华夏第一部地理山水志《山海经》中。司马迁时,汉之边界在泾水和渭水之边,他未曾踏上过黄河以西中国辽阔的西北部,那里有中国三分之一的天下,所以没有感受过新疆吐鲁番和甘肃安西的狂风,所以他视《山海经》里描述的西北地理皆为鬼怪神话,未曾信焉。在那里,一年365天中有360天有风,其中80多天是大风吹兮沙飞扬。四岁的李白曾从那里经过,记忆很深,后来有诗云:"明月出天山,苍茫云海间。长风几万里,吹度玉门关。"这便是后来中国史书中不断被书生们想象的不周之风。今人称其为沙尘暴,而把安西称为世界风库。为了利用和减弱这共工带来的狂风,人们在安西和河西走廊立起无数的发电机。每一片叶子就像一节火车的车厢。它们在安西排成一道壮丽的风景。不知共工从远古中醒来,会有怎样的感慨?

那时候，是年轻青藏高原和古老帕米尔高原之间的神祇相撞，从而导致大地震撼、冰川融化、大洪水暴发，南方的黄帝一族和北方的共工、岐伯目睹了大山的倾倒和大洪水的来临，所以有了《山海经》等古老典籍里的记载；还是这一切都发生在不同时期，而后世为了纪念和颂扬黄帝把这一切都附会上去的呢？

总之，在蛮荒的过去，在古老的年代里，南北之战在不停地打响，杀伐之声从未断绝。甚至于黄帝，这位古老的神祇，其实也是游牧的先祖。也许他也曾像共工一样发动过一场南北战争。只是他很早就融合了炎帝，并统一了华夏。这种统一，不仅仅是地理上的，而且是文化上的。炎帝是稼穑之先祖，农耕文明的开创者，尝百草、创农业。黄帝传说中的很多贡献可能是炎帝的，但后来大都附会到黄帝身上了。这也可能是黄帝胸怀广阔，不仅很快接受了农耕文化，还发展了农耕文化。也正是因为这样，黄帝便成为伟大的圣王。

事实上，也可能是黄帝把当时的游牧文化和农耕文化进行了一次伟大的融合与创新。派仓颉道法自然，以天地万物之形象创立文字；与岐伯交流修行之法，以道法自然、天人合一的阴阳五行原理创立中医学说；让大挠氏学习游牧文化，借鉴星相学创立天干地支与历法……

中华文明的序幕便以这样伟大的融合与创造拉开了。这也许才是真正的阴阳之道。当农耕文明每走过一段时间时，就变得自足，自足便容易故步自封，犹如文弱书生，而此时的游牧文明恰好是犹如蛮荒岁月沉淀着的洪荒之力，这恰恰是生命本身的元气所在。前者为阴，后者为阳，两者相合，才能融合创造出新的生命。

事实上，此后数千年中华文明的命运皆为此通变。游牧文明一次次输送的正是处于衰败中的中华文明所需要的元气，也有人称其为血气。

【大禹之镜】

根据传说，共工的臣属相柳被大禹所杀之后，大禹开山导水，按天帝的样子定九州。这大概就是《山海经》最后几句话所写的意思吧：帝乃命禹卒布土，以定九州。[1]

此处的帝，便是舜帝。舜还是帝位继承考察对象时，便因禹的父亲鲧治水无功而杀之，同时又向尧举禹继续承其父亲的志业。这种杀伐果断哪像传说中的蔫不兮兮的舜？禹用了十三年开山理水，战战兢兢，三过家门而不敢入，才治好了山水，分天下为九州，拥有大功。禹此时为诸侯之伯。舜继帝位后，禹又与益和后稷、皋陶等一起辅佐舜帝，成为舜帝之肱股，颇有大德。于是舜向上天推荐禹为天子。

鲧之死是一面镜子，禹时刻都拿着这面镜子，一直看了十三

---

[1] 小岩井译注：《山海经》，杭州：浙江教育出版社，2019年，第484页。

年。十三年后大功告成，禹才放下这面镜子。先前是带着恨和恐惧，镜子里照出的只有自己，但十三年后，镜子竟然发生了奇异的变化，照出的不再是自己，而是天下，是日月山水，还有杀父之人舜。令他奇怪的是，慢慢地，生父鲧不怎么出现了，而舜不知在何时代替了鲧的位置。恨与恐惧消失了，代之而起的是敬畏。

这就是司马迁磨出的圣人之镜。如果是今人的网络剧编剧，恐怕又会将圣人写成宫廷剧中权谋之争的对象了。司马迁只是冷静地叙述历史，将远古圣王之言行一一擦亮。

父虽有过而不殃及子孙，相反仍然重用其子，并以父之过为镜磨炼其子，使其成为一代圣王，这便是舜之伟大。父之过，子担之，不怀私恨，不存私心，天下遂拥之。有功若无此德，则天不佑；有功更有此德，便一切圆满。

故有舜向天帝推荐禹。禹成为考察对象十七年后，大德之舜崩，禹仍然学习舜，并不敢接天子职，而是把天下交给舜的儿子商均，自己则隐居起来，但大臣们并不管这些，仍然把他找出来，向他汇报工作。在这种情况下，禹才登上天子位。

天下拥护之圣王，必须要有大功铸其阳，又要用大德养其阴，失其一，则不能恒久。拥有武功的掌权者比比皆是，但往往没有大德，比如始皇帝，所以秦只有二世即亡。此天亡其也。拥有盛德、盛言却无大功者，比如孔子、司马迁者，终不能为王，此为缺憾，故而后人司其庙，续其香火。此天欲恒其也。善哉，古之圣王是真正的功德圆满，后世则难出一也。

这样说，岂不是厚古而薄今？当然是，今是一定要薄下去的，只有厚了古，我们那个来处才显得伟大、饱满、厚实。那面镜子才需要我们时时去寻找、擦拭、照亮。相反，如果今很厚，古很薄，岂不会沾沾自喜、自大狂妄，以功而自居，将道德轻视，天则不佑，他还会长久吗？甚至无功而自居，功德皆虚，天下会拥戴他吗？

这也许就是华夏历史真正的开端。禹是那面浑厚的历史之铜镜。

【北方苍狼】

但这面铜镜被一个叫孔甲的人摔碎了。

从夏启后至孔甲前，大禹之德行一直像太阳一样普照着夏朝，但是，其光辉越来越弱，到孔甲时便只留下天下，留下功，德已经不见了。

孔甲便"好方鬼神，事淫乱"，因而历史老人替天断曰："夏后氏德衰，诸侯畔之"。[1]好鬼神，是把一切都交给鬼神的一种做法，大概是古代的巫术，是阴气重的象征。巫术本是人类以特定的方式寻求鬼神的庇佑与引导，德薄的人则只寻求庇佑，看不见引导。所以，古之大法中至少有两个方面的存在：一个是

---

[1] 司马迁：《史记》，武汉：崇文书局，2010年，第11页。

以鬼神保佑来趋吉避害，图功利。这个方法可从商代甲骨文的卜辞中看到。那些卜辞诉说着古之帝王每遇见大事都要问鬼神的日常，久而久之，人的智慧便封闭，一心听命于鬼神之启示，而他们不知道，鬼神此时也开始圈地运动，开始混战；另一个存在是孔子告诉世人的。他从鬼神的启示中发现了人的智慧。这便是道德的追求和中庸之道的方法论。因为《周易》除了卜辞之外，还有义理。六十四卦中，每一个卦象都是吉凶并处，没有一个卦是只有吉而无凶。乾卦是六阳，是极为阳刚的卦象，但这同时说明容易折断，所以便有上九第六爻的"亢龙有悔"。这种启示告诉人们，凡事一定要持中庸之道，不可走极端，否则等待你的便是悔恨。再比如"火水未济"这一卦，是极为不好的一卦。好鬼神的人便要寻求鬼神来促成成功，结果呢，可能是一时成功了，但等待他的可能就是悔恨。孔子说，此时一定要安心修身做事，要认真梳理还有哪些事没有做好，有哪些方面的道德还不完善，要去补功课。同时，这一卦还说明只要你愿意去努力，还有很大的空间可以发挥，而你期望的结果也在等着你。只是那个结果也仍然是短暂的，转瞬即逝的，所以依然需要通变。而不变的是什么呢？就是一个人的德行追求，就是中庸的处世方法。

孔甲是历史上第一个用天干地支来命名的帝王。他之前和之后的夏朝帝王都用康、予、皋、发等美好的词来命名，只有他和桀用天干中的词汇来命名。甲是十天干的开始，癸是结束。夏桀恰好名为履癸，标志着夏朝的结束。这难道不是天要亡夏？

公元前1600年，商王汤率领各方国的军队，在鸣条一带与夏朝军队进行了一场大战。战争的结果是夏桀大败，在穷途末路之下，率残部逃到了今天安徽寿县附近一个叫南巢的地方后，被商军俘虏并放逐。

《尚书》曾这样记载这场大战：有夏桀弗克若天，流毒下国，天乃佑命成汤，降黜夏命。[1]

司马迁曾写道，夏朝从孔甲时开始失德，诸侯就不尊重天子了。孔甲和履癸有两个共同的特点，一是迷信鬼神和占卜术，趋利避害；二是荒淫无度，不理朝政。这与后来的纣王是一样的。所以，在司马迁看来，两个王朝是因为失德而亡的。在民间看来，则是天要亡之，当然，天要亡之的原因自然也是失德。商纣王到女娲娘娘的庙里祭祀时，竟然不尊重女娲，有淫语。于是女娲娘娘便派"狐妖"去扰乱商的朝政，使其灭亡。

周公时，夏之遗民被安排在杞国，商之遗民被安排在宋国。孔子经过宋国时，说宋国的音乐是淫乐，意思是指其道德基本失尽矣。那么，杞人呢？史书上说，夏桀被汤流放到了鸣条，不久便死在了流放地，他的儿子淳维（又作熏育、獯鬻、熏粥）则带着夏王朝的遗民逃到了北方的草原野地。他们被后世称为匈奴。

---

[1] 道纪居士：《尚书全鉴》（珍藏版），北京：中国纺织出版社，2017年，第138页。

【历史正义】

一个叫司马迁的书生，在游历了江、淮、沅、湘、汶、泗之地，又去齐、鲁之都观孔子遗风，后来又因做官去了巴蜀以南，一直到了彩云之南的昆明，但他未曾到过黄河以北的无垠草原，自然也不曾抵达泾渭以西辽阔的华夏大地。说实话，他只是游历了小半个中国，大个半中国他是靠想象而勾画出的。所以，《山海经》中所涉及的昆仑之西和阴山之北他都不能理解，视其为洪荒之地。

于是，黑夜里，不，在监牢里，他微闭眼睛，用思想环顾华夏之广后，犹豫地写下这样一段话：

匈奴，其先夏后氏之苗裔，曰淳维（獯鬻、熏育）。唐虞以上有山戎、猃狁、薰粥，居于北边，随草畜牧而转移。[1]

《史记·匈奴列传》中的这段话，成了后世研究匈奴的权威论断。原是圣王大禹的后代，现在竟然沦为夷狄。这该是多大的讽刺！可见，天下的正主绝非血统的继承，而是道统之承续。这正是孔子的再传弟子（五百年后）司马迁所确立的政治价值观。也许孔夫子还执着于衰颓的周天子应该被诸侯敬上，殊不知周天子的衰退首先是道统的崩塌。

《春秋》中未能阐发清楚的道理，司马迁在《史记》里讲得

---

[1] 司马迁：《史记》，武汉：崇文书局，2010年，第629页。

清清楚楚、明明白白。尧让帝位于舜，舜并未敢接，而是让位于尧的儿子丹朱，也就是让位于血统，但诸侯并不去觐见丹朱，事事还都是来请教舜，老百姓有偷鸡摸狗的官司也来找舜，舜还是得辛劳于这些案牍之中，民间又编了很多歌谣颂扬舜，在这种情况下，舜只好继天子位，这就是《史记》里强调的天命，这就是司马迁树立的历史正义。

所以，舜又让位于大禹，大禹仍然不敢接，而是让于血统，但诸侯仍然不去拜见舜的儿子商均，还是来见大禹，于是，大禹只好接天子位。等到大禹之后，伯益是当时的贤者，本来要接天子位，但他仍然学习舜和禹的做法，让位于大禹的儿子启。因为启摄政时间短，同时启的德行高，所以诸侯只见启，并不去见益。于是，启继天子位。这是血统与道统的统一。周公苦心孤诣想要经营的就是血统中要灌满道统，但这样的理想闭上眼睛就能知道是多么危险，多么自私。

历史之正义永远属于道德，这就是人类的正义，而非动物之正义。孔子著《春秋》，讨伐了三十六位弑君者的暴行，令乱臣贼子惧，但是假若君王德衰，以暴力奴役臣下，难道也要让这样的暴力在人间延续吗？所以，孔子也犹豫了。他开始明白，要让"君君，臣臣，父父，子子"的道德价值建立，首先得让大德周流于人间，一旦为上者德衰，则此伦理将乱，所以他说，后世赞誉我者，因这本书，诋毁我者，也将因这本书。这个问题始终未能解决，直到司马迁出世。

司马迁并没有指出自己导师孔夫子的难处，但是在导师《春秋》一书的指引下，他写下皇皇巨著，将《六经》注于历史，用历史来演绎《六经》，完成了儒家学说的历史正义。与此同时，也完成了中华文明的中原中心主义思想体系的建构。当然，我们也可以深知，这样的思想体系是人为的，这样的历史正义也仍然是人为的。尽管司马家族是负责天文地理的观测，是易学的继承者，同时也是百家思想的和合者，但是，一旦他们试图进行大一统的思想建构，就必然对边缘者及其思想造成客观上的排挤。

东夷、南蛮、西戎、北狄，这些边缘的存在者，在汉语里，就已经被剥夺了某种正当性，失去了某种力量，被迫披上了兽衣树皮。所以，当匈奴——这些大禹的后代们，扛着血统的正义，嘶哑着与后来的江山统治者——后来道统的正义继承者——进行辩论的时候，他们一定会阐释他们曾经的先祖是这里的主人，他们一定会强调他们才是这里真正的主人。可是，江山已经换了好几个血统，如此辩论还有意义吗？

意义是生成的，总有人会给他们提供强有力的支撑。比如关于人性与血统的证据。《括地志》等古书不是说舜囚禁了尧吗？同时，也会有人说是禹囚禁了舜才得到了帝位。更多的人会认为舜与禹一定是假意让位于前任天子的儿子，而后又利用各种手段谋取了天下。似乎我们这个世道是不会轻易相信道德能胜过人性的，所以宫廷剧人人爱看，而圣教则人见人烦。

时代之浅薄和人性之恶是如此鲜明，仿佛有一面旗帜正迎风招展。

孔子和司马迁是逆人性而动者，天下也许会以为他们是绝顶聪明的傻子，要么就是把世人当傻子。性善论者有之，但性恶论者更众。所以，在历史的正义中，匈奴就是天生的恶者。他们需要中原文明的礼仪教化，是的，是教化。故有"圣人以神道设教，而天下服矣"的自信观念。众人都以为人之初，性本恶，但圣人则不然，他以为，人之初，性本善，所以圣人才设教以化四方。

性善论者设了教，性恶论者立了法，这是古代圣人与王者的区别。今天，在科学主义面前，众人既不相信性善论，也不相信性恶论，但有两样东西都在用，一是教育，人们都相信教育可以使人性善；另一样则是法律，人们也确信，法律可以约束人性之恶。但终究是圣人之教才是灵魂，法律只是其术而已。这便是司马迁和其老师董仲舒的新儒家学说，其集百家之长，合于儒家。《太史公自序》中将其写得清清楚楚，但世人并不去理会，只是听从几个街头混混的呐喊，说董仲舒只留下了儒家，而百家血流成河，被灭了门。可见，众人都是盲从者，并非明理者。

所以，圣人设教之后，有一段时间是相信人性为善，至少是向着善的，但走着走着，圣人被人忘了，教坛之主早已是他者，慢慢地，就像是白天来到黑夜一样，人们相信了人性为恶，人人都是自私的,人人都有害人之心。他们大呼,这就是人性!

此时,你会看到文学家们写的全是人性之恶。他们纷纷都站到了圣人的对立面。他们手上高举着一块牌子,上面写着四个字:人性万岁。圣人被埋葬,神坛被毁去。有人惊呼,此乃人类之末世。但哪里有人相信?

其实,狱中的司马迁早已刻下一面镜子,他在旁边留着一张纸条,上面写着:德衰则亡天下,天下将有大德之人继承。这便是历史的正义之镜。

可惜的是,镜子常常被人抹黑,那张纸条也被人换了,上面写着:强者为王,败者为寇。

【匈奴之仇】

既然是大禹之后代,他们必然会想,总有一天,我们要回到故乡。故乡,这是多么神圣的词语。读之,如有泪水滚下。但故乡的历史上,他们已成匪类,一群非正义者。

首先,他们是德衰者的后代,是夏桀之后代,并非大禹之后代。但这多么矛盾!匈奴的血液里,流淌的依然是禹王的血液啊。显然,司马迁在这里要强调的是道统,否定的恰恰是血统。

这些夏朝的遗民带着被放逐、被驱逐的屈辱,到草原后并未放下仇恨。这仇恨,史书上只字未提,史学家一定认为此仇并不存在，因为没有考古和考据的证明。可文学家一定会觉得它确定无疑，一方面这是人性使然，另一方面后世的历史在不断地印证这个仇恨。

从安定的中原来到半干旱的草原上，他们也从农耕文明转向游牧文明，逐水草而居。而那里本来就生活着共工氏的后代们，他们也对黄河之南的氤氲之气充满了向往，他们虽然曾败于大禹，与大禹之间有不共戴天的仇恨，现在又与仇人的子孙生活在了一起，他们现在有了一个共同的仇敌—中原共主。虽然这个中原共主也在不停地发生着改变，从夏到商再到周，从周再到秦，现在则是汉。

从商到汉，经历了至少一千五百多年。时间是伟大的，它把存留于人类乃至万物心中的仇恨甚至爱都化解了，或者进行了转化。比如，共工的后代们本来对中原之主充满了仇恨，后来就转化为对来自东南西北各草原部族的斗争。关键是夏禹的后代们也被驱逐到草原上来，这仇竟然被别人报了，岂不是上天之手在操纵着善恶轮回？但不管怎么绕来绕去，去中原成了草原上诸王的共同梦想。

在这片古老的大陆上，在黄河南北，数千年来，战争从未停息过。但书写历史的人在南方，他们用汉语写下如斯之诗：

靡室靡家，犹之故；

不遑启居，犹之故。[1]

诗是一个民族走向文明的标志之一。没有诗，怎么能开启一个民族的灵魂之光呢？没有诗，一个民族就始终在黑夜里漫游。诗是学会说话的教材；其次则是礼，礼是学会与人交往的教材；再次是乐。乐是神秘的语言，是神之语，由巫师掌握。巫师还掌握着巫术，在中原叫易，在草原上叫萨满；最后则是史。无论是口头史还是文字史，都代表着一个民族或部落的一切，它在回答"我是谁""我从哪里来""我到哪里去"的问题。那些盲目的马和盲目的马主人们，都得聆听这来自先祖的训导。我们能够猜想，那些草原上的民族与犹太人一样，他们内部一定流传着至广至深的史诗。

只是书写历史的人在中原。他是孔子，是司马迁。他们听不到那些风中的野蛮史诗。他们只听得到汉字的风声。他们对四夷的认识来自于想象。同时，作为史学家，他们还承担着以史"治世"的大任。那时，他们的任务就是构建大一统的中原文明中心说。这是一个道统的中国，不是一个皇统和血统的中国。皇帝和百姓一样，都要遵循这来自天地的大道，否则，皇帝就要被上天惩罚，百姓就要流离失所。

所以，为了完成这个中心学说的建构，就不惜留下汉语的赞

---

[1] 张南峙注译：《诗经》，郑州：河南人民出版社，2020年，第157页。

扬、埋怨和愤怒，也必然会对边缘的哭泣选择漠视。这就使我们不难理解近五百年来欧洲人建立起的全球化历史，必然是以他们为中心而进行书写，而伟大的汉、唐帝国竟然在他们那里成了边缘，有时候连哭泣声都没有留下。

但汉时，中国是天下之中，天下是一个以中国为中心的湖面。天子在湖面投下一颗石子，波纹便向四周荡漾开去，有时候还没到边缘，波纹就消失了。汉武帝看见过这个湖面。石子就是中央的号召。诸侯们听不到。诸侯们也学着向湖面投下一石子，同样在向四周荡去，有时还波及了中央。边缘之水面宁静如月，仿佛是岁月静好，其实藏着无穷的波动。

孔子时的周天子已经没有石子可掷了，天子的周围平静如虚无。可天下之四周不断会有人掷石子，那些人都是诸侯。有的波纹晃到了别的区域，那里也在掷石子，两圈相遇，必起战争，所以各国比力，而少有比德者。孔子便起来呼吁道德，并呼吁以礼来重建道德。司马迁认真地进行了统计，写下结果：春秋之中，弑君三十六，亡国五十二，诸侯奔走不得保其社稷者不可胜数。[1]

乱世就是这样来临的。德衰则礼失，礼失则天下乱，诸侯死，百姓亡。

---

[1] 司马迁：《史记》，武汉：崇文书局，2010年，第759页。

【牧马之家】

公元前821年，是周宣王七年。庚辰年。庚是天干，辰是地支。庚在西方，五行属金，利于兵。辰是土，土生金。干支相合。

那时，北边应当是月氏人，史书上叫禺知人。他们还算安稳。但西边的羌人——那时也叫西戎——他们是十分不安定的。今天偷鸡摸狗，明天杀人放火。边疆不安。《山海经》中那里是雍州。雍是和谐、安稳的意思，现在十分地不安，现在是壅塞的意思了。穆天子曾率七萃之士挥兵西进，斩获五王，壅塞通，兵进昆仑山下。穆天子与西王母会见，获得祭祀用的玉石无数，回到中原，但此后不知是哪一代天子失德，又失了雍州。

当时，穆天子的驾车人叫造父，是牧马人，嬴姓。其祖先据说是伯益的九世孙。司马迁在《史记》中曾记载着这位牧马人的功绩："穆王使造父御，西巡狩，见西王母，乐之忘归。而徐偃王反，穆王日驰千里马，攻徐偃王，大破之。乃赐造父以赵城，由此为赵氏。"[1]

一百多年过去，穆天子得天下又断了右臂，雍州又失去了。又过了一百八十年左右，周宣王终于忍不住了，有一天，他叫来一个嬴姓的人，给了他五千兵马，让他去攻打西戎。这位领兵者

---

[1] 司马迁：《史记》，长沙：岳麓书社，2010年，第361页。

卜了一卦，利于兵。果然，他用七千士兵大破西戎，斩首无数。因为伐戎有功，胜利归来的他被封为西陲大夫，宣王还将他征服的犬丘（今天甘肃天水市礼县附近）的土地赐给他，叫他建国。

他就是被后世称为秦庄公的嬴其。那年，是秦庄公元年。那年，周宣王向西戎宣威广德，同时也宣布了秦国基业的开始，应了一个"宣"字。那年，是中国历史上非常重要的一年。

又过了九年，周宣王死了，他的儿子姬宫涅继位，为周幽王。一个幽字，似乎预示了某种结局和处境。幽，说明他想独处，不想理什么朝政；幽，说明他守的是阴位，不是阳位；幽在北方，在冬天，属于四季中最冷的时候，带有结束的意味。老子说，知其白，守其黑。他大概是只知道有黑，也只是守黑的人。

所以他娶了一个叫褒姒的女子后，就废了原来的王后申后。关于这一段故事，历来是文学家津津乐道的故事，自然也是史学家一直要求取证据的历史细节。据说褒姒是由龙涎所生，后来变成了一只黑蜥蜴。这只黑蜥蜴后来碰到一个七八岁的宫女，宫女在成年后就生下了一个怪孩子。这孩子没有父亲，宫女就把她扔在了郊外。一对夫妻恰好经过，可怜她便把她带到了褒国，后来进献给了周幽王。周幽王爱之若己，不，远比自己更甚。司马迁说，他为了博得美人一笑，不惜点燃烽火戏弄诸侯，后来，他又废了太后和太子，立褒姒为后，并立其子为太子。

前面那段故事不知是由哪位文学家或历史学家植入历史的，

从后世看来，它必然是带着对女性的深刻污蔑和对皇统血统的跪拜，但是，就是这样一种意识，司马迁也未能完全认识到。他意识到的是作为天子的周幽王的失德。他并非褒姒一人之天子，而是周朝之天子；天子并非单纯以血统来继承天子位，而是以道来正义。这是他要强调的，要书写的。

公元前771年，岁在庚寅。庚为金，寅为火，火克金。地火将焚烧天金。地火是百姓，是民意。天是天子。周幽王十一年，申侯联合西戎打败了周幽王，并在骊山将其杀掉。西周灭亡。

历史的因果并未就此断裂，而是有力地回应着。为周天子复仇、保护周天子的诸侯，恰恰是秦庄公的弟弟秦襄公。他立刻召集自己的全部军队向犬戎发动了进攻，打败犬戎，并将他们赶出了周朝的土地。申后的儿子，原来的太子周平王继任。他封秦襄公为诸侯，使秦国正式有了争霸的地位与身份。然后周天子迁都洛邑，东周开始。但东周之天下，是从天子失德开始的，这也宣示了天子无德之后，诸侯便上位了。一个乱糟糟的时代开始了。最终，由暴虐的秦始皇收拾了这个烂摊子。后来的知识分子将它美化为一个美好的时代，一个思想迭出的时代。

呜呼！大德失，思想出。百家争鸣，谁为正义？

【匈奴列北】

公元前770年，辛未年。周平王在秦襄公的护送下去了洛邑，把整个西北给丢了。这份由周穆王挣下的基业到底还是要丢掉。雍依旧塞。

那里，便成了月氏人的天下。那时的史书里写的是预知。月氏人据说也是三苗的后裔，《西羌传》上说，月氏人的服饰、饮食和语言与西羌相同，所以古人认为月氏的语言很可能是汉藏语系。梁启超、胡适、杨建新基本上持此说。历史学家翦伯赞认为月氏人是夏族的一个原始分支西行的结果，是古羌人的一支，最早住在鄂尔多斯一带（今内蒙古鄂尔多斯市）。还有人认为他们是塞人的后代。不管怎么说，他们算是河西人的先祖吧。

他们经常骚扰周朝，使周之疆域只能抵达泾渭之水。东周时的中国是个兄弟们打架的时代，谁都要争着当老大，结果就无暇也不可能一致对外。倒是月氏人也没有多大的雄心，一直安居在河西。几百年一直看着邻居在院子里打架。突然的一天，从东边来了一支人马，他们名叫匈奴。

公元前174年，丁卯年。匈奴在一个叫冒顿的单于带领下大败月氏，杀其王，拿其头当酒杯。月氏人看了害怕，逃亡到了新疆伊犁河流域及伊塞克湖附近。另一部分留在敦煌一带，被称为小月氏。他们对匈奴是怀着巨大仇恨的,所以汉武帝才派张骞出使西域去联络大月氏夹攻匈奴。等到张骞找到大月氏时,他们已经迁到了阿姆河北岸(今乌兹别克斯坦地区),但是张骞怎么也想不通的是,他们竟然没有了对匈奴的仇恨。张骞回来给汉武帝汇报说,他们在那边太安逸了,忘记了仇恨。其实,武人张骞不知道的是,月氏人已经信仰了佛教,在佛教的教化下,他们已经放下了仇恨。后来,月氏人征服了阿姆河以南的大夏(即今阿富汗北部等地),建立起与汉帝国同样强大的贵霜帝国。

但对于以中原为中心的汉帝国来讲,他们只知有汉,不知有贵霜。另外,他们知道在黄河以北,有一个强大的敌人,其名字叫匈奴。

在司马迁的笔下,匈奴人是失德的,或者说没有道德和人文礼仪的教化,真正属于蛮族。比如说,他们没有文字,只以"言语为约束";他们随的不是土地之仁德,而是畜业游牧之性,其天性是人人"习战功以侵伐";他们打仗,有利则进,无利就退,逃跑时丝毫没有羞耻之心;他们是"苟利所在,不知礼义"……

班固抄袭了司马迁的文章——那时的学术规范还不严格,还允许那些不可改变的东西可以被抄袭。但他进一步写下了匈奴的野蛮习俗,而那些就是他们与大汉不同的地方。比如,他们贵壮健,贱老弱,没有孔夫子先生老有所终、鳏寡孤独皆有所养的仁德；他们在父亲死后，儿子就娶其后母，这是典型的不伦不类、大逆不道；他们的兄弟死后，其他兄弟都可娶死去兄弟的妻子，这是失去礼序。

这是对整个匈奴文明的定义，它符合中国人对四野之地的看法，且极具典型。而最典型的是冒顿单于这个个体。

那时，匈奴是头曼单于的时代。头曼将冒顿作为人质送去了月氏。当时，"东胡强而月氏盛"，说明月氏依靠河西肥沃的草场而异常强盛。当冒顿到达月氏的时候，连他也没想到的是，父亲头曼单于的突袭大军也一并达到，月氏在头曼的突袭下损失惨重。月氏王气呼呼地要将冒顿杀掉泄恨，犹豫了一下还没来得及动手，冒顿就趁机在夜里偷了一匹马逃回了匈奴。

死里逃生，便是另一番境界。那时，头曼单于宠幸小阏氏所生的儿子，准备废长立幼，但冒顿一直表现优异，没有犯错，无故废掉冒顿的太子位，会遭到匈奴内部的反对。于是头曼单于在小阏氏的枕边风下，很快想到借月氏之手杀掉冒顿的主意。冒顿当然很快就明白这是一个出自父亲的阴谋，所谓置之死地而后生，冒顿立刻便有了新的复仇计划。

在冒顿的要求下，头曼单于给了他一万多骑兵，让其负责训练，并且承诺将来一定让他做匈奴单于。冒顿表面泣涕涟涟，顿首如捣蒜，但心底里复仇的种子已经破土而出。得到军队的冒顿很快展现出了杰出的军事才能，以前的匈奴军队虽然善于打仗，但组织纪律一塌糊涂，打顺风仗的时候个个奋勇争先抢钱抢女人，一旦遇到败仗立马作鸟兽散，一溃千里。冒顿得到这一万军队后，首先就从组织纪律训练上下手。他发明一种名为"鸣镝"的响箭用来指示目标，和今天的曳光弹效果差不多。

在训练这支部队前，他这样给他们训话：我的鸣镝箭射向哪儿，你们必须射向哪儿，否则斩无赦。

他首先将鸣镝射向野兽，将没有射野兽的士兵全部杀掉。不久，他又将鸣镝箭射向了他心爱的战马，同样，那些没有执行的士兵也喂了狼。最后，冒顿将鸣镝箭射向了自己最宠爱的妻子，士兵们傻眼了，当然没有执行命令的士兵成了狼的美食。

自此，冒顿将自己的军队打造成了一支没有自己思想，绝对服从于鸣镝的军队。公元前209年，冒顿突然将鸣镝箭射向他父亲，那支绝对服从的军队没有丝毫犹豫，将他们的头曼单于射成了刺猬。那一年，匈奴历史上最负盛名的冒顿单于成为新的匈奴王，他的鸣镝不光在草原上呼啸，还即将在广袤的亚洲大陆上空飞行。

弑父自立的冒顿受到了匈奴内部的非议，许多有实力的王侯也对他貌合神离，冒顿急需发动一场大的战争来转移国内矛盾。与父亲头曼单于先攻打西边弱小的月氏不同，冒顿单于将目光投向了东边实力更为强大的东胡。

东胡在先秦时期就存在，并在春秋战国时和匈奴一道侵扰过中原，在匈奴头曼单于时代，他们占据着蒙古高原西部和今天河北一带，实力远比匈奴强大。东胡王凭借自己实力，侵占了许多匈奴人的土地，掠夺他们的土地和牲口。在冒顿即位之初，东胡王向冒顿要钱要粮，还要冒顿最喜爱的女人。冒顿犹豫了一下，便给了。冒顿和他父亲的最大不同，在于他会伪装，会示弱，和当年白起示弱赵括、李牧示弱匈奴一样，冒顿一开始也示弱东胡王。这似乎是一切专制且伟大的帝王的特性。他们的身后，始终有一片辽阔的没有边缘的暗地。他的人在身体里与人说话，其实他自己一直站在荒地里，暗自观察、衡量、决定。

公元前206年，东胡王还陶醉于自己的强大之时，冒顿在夜空里又射出一支鸣镝，几乎一战就将东胡灭国。逃散的东胡人一直跑到了乌桓山，并在那里建立了一个叫乌桓的部落联盟。在三国时期被曹操率军击溃，融入汉族。另一支东胡人则逃到了鲜卑山，成了后来的慕容鲜卑氏和拓跋鲜卑氏。

又一个漆黑的夜晚，鸣镝再次响起。在西边河西走廊一带生活了六七百年的月氏人迎来了至暗时刻，月氏王被杀，冒顿以他的头颅当酒杯。这哪里是人间的王，简直是地狱里的魔鬼。月氏人赶着牛羊逃到了伊犁河流域和伊塞克湖附近，后来又逃往大夏，在那里建立月氏国。几十个不起眼的小国家纷纷投降，匈奴一统北方草原，建立起东至大兴安岭，西至河西走廊，北接西伯利亚，南邻长城的庞大草原帝国。

冒顿常常勒马南望。他多么想再射出一支有力的鸣镝,一直到达无穷处,他想将刚刚统一起来的汉家江山一举拿下。那时,他就是天下的共主,伟大的天子。他怎么也不会想到,后世有一个叫司马迁的人和一个叫班固的人,他们并不把他的成功当回事,相反,他们对他进行了道德上的严厉谴责。

【白登之围】

一个叫娄敬的汉朝官吏这样评价冒顿:冒顿杀父代立,妻群母,以力为威,未可以仁义说也。当然,即使冒顿知道后世汉家历史是这样写的,估计他也不在乎。匈奴人口传的史诗告诉他,唯有强者才可以被永远记住,所以,他在汉家江山的边缘徘徊着,等待一个人。这个人叫韩王信。

韩王信是战国时期韩国的王室成员,本名韩信,因为与楚王韩信同名,后人一般称他为韩王信。他跟随刘邦平定天下,因为战功被封为韩王,封地几经变化,最后定在了太原郡。那里与匈奴接壤,是冒顿要攻破长城的首选地之一。韩王信到任后将王都设在了太原郡一个叫马邑的地方,那个地方在匈奴的眼鼻子底下。

韩王信选择将马邑作为王都是有其深刻考虑的。在他看来,匈奴人始终是大汉帝国的严重威胁,他将都城迁到马邑,一旦汉朝强大后进攻匈奴，他可以立首功；而一旦匈奴强大，他在汉帝国的境遇不好时就可以率军投降匈奴，得以自保。但这一切，都被冒顿看在了眼里。

公元前200年的一个夜里，冒顿射出了鸣镝。顷刻之间，马邑被匈奴大军团团包围。刘邦得知消息，迅速派出了救援大军。冒顿一看，立马撤军了。不费一兵一卒就解了马邑之围，这对汉军来说无疑是天大的好事，毕竟打仗始终是要死人的，现在没死人，难道不是皆大欢喜吗？虽然整个汉军都在庆贺，但刘邦却显得忧心忡忡，作为王朝的统治者，他更关心手下的人是否在暗自搞阴谋。他已经杀掉了许多跟随他一起打天下的武将功臣，他要让血统一统天下。韩王信是异血统，自然也在被消灭的黑名单里。他将韩王信分封到太原郡，也是想借匈奴之手剪除这个异姓王。但冒顿并没有如他所愿去攻打韩王信，相反，在他的援军还未到达时，就游戏般地撤军了。这反常的举动让刘邦认为这是韩王信和匈奴配合唱的一出双簧。

于是刘邦给韩王信写了一封信，指责他在匈奴围城期间不主动出击。韩王信收到信后，知道刘邦是在逼迫他和匈奴厮杀，一旦斗得两败俱伤，刘邦就会像对付其他异姓王一样轻易地将他消灭。能裂土封王，韩王信自然不是傻子，他甚至更高明，他不会像楚王韩信那样还对刘邦抱有幻想，他跟随刘邦多年，很了解刘邦是一个为达目的不择手段的人。

因此在收到刘邦的信后，韩王信反了！韩王信的反叛对冒顿来说无疑是一次千载难逢的翻盘机会。作为草原上最杰出的枭雄，他自然和先前历任单于粗暴的军事进攻不同，他从大月氏死里逃生后，就学会了伪装，学会了阴谋。凭借阴谋，他实现了杀父自立，还灭掉东胡，赶跑了大月氏。先前他兵围马邑，也是一次阴谋，他自导自演了一次无功而返的军事行动，看客刘邦和韩王信都如约上了他的当。

所以，他听到韩王信带着兵马来投降时，内心狂喜如醉。得到了韩王信，中原的大门就打开了，万里长城从此形同虚设，更重要的是他发现"兵者诡道"比直接的军事进攻更有效果，在后来的汉匈战争中，他对玩诡计乐此不疲，并成功了很多次。

韩王信决定反叛后，为了向新主子表功，自告奋勇当了冒顿的前锋，他率领自己的军队攻打了自己曾经的封地太原郡，并带着匈奴人将自己曾经的封地抢得一干二净。是怎样疯狂的心理才能支配这样的行动啊！

韩王信攻打晋阳的时候，刘邦带着樊哙、周勃、夏侯婴等武将和三十万大军出发了，军队中还有一个重要的谋士陈平，他将在这场大战中发挥重要作用。

刘邦的大军轻而易举地打败了韩王信的军队，顺带把冒顿派来支援的左右贤王也一并收拾了。冒顿看到气势如虹的汉军将匈奴人又赶回长城外，曾经的宏图大业将成泡影，又想到了先前屡试不爽的"兵者诡道"。

他利用汉军连胜轻敌的心态，让匈奴军佯装败退，诱敌深入，顺利将汉军引入了自己的包围圈。而刘邦此刻也正想通过一场大决战彻底解决匈奴大患，如今冒顿带着主力南下，也正是他一劳永逸消灭匈奴的大好时机。在对匈奴发动决定性进攻前，他也玩起了"兵者诡道"。他佯装要与冒顿讲和，派了很多人去冒顿的营地传话，顺便刺探军情。每次打探的人回来都说，冒顿的匈奴兵斗志全无，营地里也多是老弱残兵。

得到消息的刘邦大喜过望，为了能抓住冒顿，他将全部的骑兵集中起来，自己当突击队长，自信满满地杀将过去了。

冒顿肯定是设置了埋伏圈，但也没有信心可以吃掉三十万汉军，尤其是在他见识过汉军的惊人战斗力后，对打赢自己精心筹划的这场伏击战已经不抱什么信心。他本想，如果有危险，就带领几十万骑兵掉头就跑，那些用腿跑的汉军是无论怎样也拿他们没办法的。当属下告诉他刘邦亲自带着几千骑兵脱离大军来抓他后，他似乎不敢相信上天会给他送来这么大的礼物。他在确定这不是刘邦的诱敌之计后，迅速指挥四十万高机动的骑兵将刘邦围了起来。而刘邦的三十万大军因为跟不上突击的骑兵，虽然在荒原上寻着鸣镝之声拼命奔去，但他们再怎么奔跑，也感到了徒劳，感到了无奈的悲伤。

刘邦一觉醒来，发现自己已经身处数十万匈奴骑兵的围困之中，在付出巨大伤亡后，他带着残部抢占了平城附近的白登山。刘邦让骑兵下马当步兵，在狭窄的白登山上修筑防御工事。这位曾经在楚汉战争中经历无数挫折与失败的帝王，在看到山下冒顿的骑兵后，心底里也升腾起无限的寒意和失败感。

当时冒顿将围困刘邦的骑兵分为四队，北边是清一色的黑色战马，南边是清一色的赤黄马，东边青色马，西边白色马。如果刘邦是在阅兵的话，他一定会觉得这是他帝王生涯中最得意自豪的时刻。马是那时的战争利器，就像今天的导弹、航空母舰一样。因而拥有数十万战马的匈奴是何等强大啊！刘邦在心底里暗下决心，要打败匈奴，只能大量养马，发展骑兵，不然汉朝在这场战争中不可能取得胜利。或许他想得太远了，眼前他急需思考的是如何在几十万整饬骑兵的包围下突出重围。

蓦地，他想到了那场鸿门宴。他感到有些脚下不稳，但他趔趄几步后便魂魄上了身，他想一定会有办法脱身的。正在他一筹莫展之际，谋士陈平求见。他立刻召见了这位跟随他走过楚汉争霸血腥岁月的谋士，向他请教该如何破解眼前的危局。

他们共同想到了当年离间楚王与亚父之事。那时，汉王给陈平四万金，劝楚王下荥阳，汉王才出荥阳入关。现在又到了陈平出面的时候了。

于是陈平带着大家身上所有的金银玉器，去见冒顿的阏氏（匈奴王后）。匈奴常处苦寒之地，即使是阏氏，物质生活上的阔绰也只是牛羊肉随便吃，中原王朝那种珠光宝气的奢侈生活对于她来说，充满了诱惑。但她收下了那些珠宝玉器后，对陈平提出让她在冒顿耳边吹风，放汉家天子一马的要求迟疑起来。在她看来，男人一旦选择了事业，女人只是他们的消耗品，今天可以得宠，明天也可能重蹈死在鸣镝箭下的前任阏氏覆辙。而且，匈奴规定女性不得干政。

阏氏的反应完全在陈平的意料之中，他不紧不慢地从怀中掏出一张美人的画像献给阏氏。阏氏看到画上是一个绝代风华的美女，便问陈平何意。

陈平回答，汉主刘邦自知不得脱，准备将汉帝国最美丽的女子献给单于，求得一线生机。阏氏怕自己地位受到威胁，便答应了陈平。果然，在枕边风吹了后，冒顿答应放刘邦一马。冒顿做出这样的决定，不仅仅是被汉朝赠送的美女和金钱诱惑，很大原因是他的军队并没有做好决战的准备。加之时处隆冬时节，草枯马瘦，粮草补给困难重重，他再耗下去，很有可能被刘邦的救援部队来个反包围。

被围困了七天七夜的刘邦，此时粮草耗尽，兵疲士乏，也到了极限。但要从敌人四十万骑兵故意放开的小道中通过，刘邦也需要极大的勇气，谁知道这是不是冒顿的阴谋。如果他们被四十万骑兵围在平原地带，无论是多么勇猛的步兵，都挡不住匈奴骑兵的冲击。

好在刘邦被围白登的时候正值冬季，北方常有大雾，陈平去行贿阏氏的时候就是趁着大雾去的。因而刘邦要从四十万匈奴军中溜走，也得趁着大雾走。除掉那些埋骨白登山的将士，剩下的不论是带伤的还是饿得皮包骨的，都拿起被血污了的剑，举起被砍得斑驳不堪的盾牌，将他们的天子围在中间，在浓重的雾气中穿过了那片死亡地带。

刘邦回到中军后，先前与匈奴决一死战的勇气早已烟消云散。将士们嚷嚷着要打，他低低地吼道，拿什么打？我们有马吗？

没有。

没有，还怎么打？现在回去做的第一件就是养马。

司马迁写到此处，对刘邦失去了敬畏。虽立《高祖本纪》，然终觉大义未显，秦之暴政的推翻者，并非只有刘邦一人，还有项羽楚霸王。在楚王身上，倒是能看见豪情满怀，能看见历史之正义的风尚，故而立《项羽本纪》。

而回首看匈奴之性，唯利是图，不见正信，难有正义。是为野蛮。呜呼！边缘之谓野蛮，非本身之野蛮，也非离中原之遥远而为野蛮，实乃天地大道与人伦教化之不到。同样之远的鲁地，那时正是礼仪教化之胜地。故而，在司马迁和班固以及整个汉朝的贵族与知识分子看来，向匈奴开战，或者征服匈奴，是文明对野蛮的战争，是正义之战。这是基于中原文明中心说展开的古典叙事。

丝路风云
SILU FENGYUN

第一章

战略反击

西汉对匈奴的四次进攻

第一章　战略反击

【序曲】

事实上，中华文明以中原为中心的文明体系是自夏、商、周以来慢慢建立的，经过秦始皇的野蛮草创，直到汉武帝、董仲舒的精心谋划和对周公、孔子学说的继承，才基本完成。

从远古神话来看，中国最早的文明中心不在中原，而在一个叫昆仑的地方。至少那里曾经是一个中心。那里，曾经是巫师们出入的地方，西王母和祭祀用的玉都在昆仑山上。那里，曾经鸾鸟自歌，百鸟云集，百姓吃着凤凰产的大卵，喝着上天降下的甘露，从不用为生活发愁。后来，那里发生过很多事：祝融与共工大战，共工败，怒触不周山；大洪水来临，女娲补天……从《山海经》的记述来看，轩辕氏也并不在陕西，而是在昆仑山以西。《山海经》的最后一句话——"帝乃命禹卒布土，以定九州"[1]这实际在告诉世人，这部山川地理志是大禹和其儿子启的作品。但《山海经》的叙事中，很多山川都是以昆仑山为中心，因而它是整个西方和北方叙事的地理中心。

而黄帝建都在了轩辕之丘，也就是中原。这是中原文明中心说的开始。目前传说这个时间是五千年前，如果拿考古来证明，这个时间就不太好确证。但如果说起考古，我们即会发现早在仰

---

[1] 小岩井译注：《山海经》，杭州：浙江教育出版社，2019年，第484页。

韶文化之前，中原的四周就已经有了文明，比如在其东方的山东大汶口文化，其南方的良渚文化，其北方的红山文化和更早的兴隆洼文化，还有其西方的大地湾文化、马家窑文化，都是与其同时或早于其的文化。它说明从黄帝开始构建的中原文明中心并非一开始就是这样，而是逐渐完成的。最初的情况应该是各地都有自己的文明中心。从马家窑文化、齐家文化和马厂文化的分布来看，至少早期在西方存在过一个以马家窑文化为中心的文明。有人说，这就是黄帝建立的一个文明中心；也有人说，这是夏代的文明中心。但这都是一些猜想而已，其与我们看到的史料中的中原文明中心说是有距离的。

但无论如何，它都说明，从周以来的历史，在完成中原文明中心说，完成大一统的文化建设之后，就基本上屏蔽了四周的文明。

所以昆仑到底在哪里，始终未有定论，但张骞从西域归来说，昆仑山就是今天的于阗南山。那里盛产玉，且有一些大泽，与传说中的一致。但是，传说中的西王母已经迁往条支国了，也就是后来说的西域之地。从穆天子会见西王母到张骞寻找昆仑山，中间隔了将近一千年的茫茫历史。其间，到底发生了什么，已经无从知道了。汉武帝听后，既惊喜张骞终于找到了传说中的昆仑神山，又失望于不能像历代圣王如黄帝、尧、穆天子一样与西王母相见。后来，他终于站到了崆峒山上，遥望云烟里的昆仑，自叹时运不济，回来后，便修建王母宫。这已经是后话了。

第一章 战略反击

如果没有现代科学尤其是地质学家的帮助，我们现在也很难去理解中国神话中的大洪水时代。从现在新疆和河西走廊的干旱情况来看，昆仑山附近基本上是干旱地区，岂能看到有洪水降临。但地质学家告诉我们，青藏高原是地球上最年轻的高原，活力四射，每年以7至10厘米的速度升高。最初，青藏高原上冰川覆盖，同时地壳运动频繁，后来冰川融化形成了大洪水时代。在伊朗高原那边，也有一个大洪水时代，且有挪亚生活了800年之久的传说。在我们这边，有轩辕氏长寿的传说，不寿者也要达八百岁。

其实也可以简单地猜想，当时青藏高原和紧挨着的帕米尔高原以及伊朗高原共同经历了一次冰川融化的大洪水时代，而东部昆仑山上的传说成了中华文明的原初记忆，西部伊朗高原上的传说成了两河流域的原初记忆。

但在我们中国人的记忆里，洪水与黄河有关。女娲就是补天的人，而大禹是那个治理洪水的人。这大概也是中原文明中心说在建构之中的更换。它是以黄河流域为中心的，长江不在它的视野里。

大禹本是起于西羌。他在甘肃的积石山这个地方劈下第一斧，至今一个叫大河家的地方还流传着大禹的传说。黄河仍然从一座山的边缘汹涌而过，而那座山像是刀劈了一样，笔直地立着。这边的山，大概老百姓慢慢将其移平了，已经看不到劈过的痕迹，但是在数千年前，或者在几百年前，这里肯定是锋利的山势。张骞在昆仑山也就是今天的于阗南山观察了一阵，看到盐泽的水渗进另一座向南的山，他认为那里就是黄河的源头。

那时，张骞还没有到达今天的青海和甘南一带。等到他从月氏国返回长安时，为了躲避匈奴人，便踏上了西羌人的王国，但他到底没有走到一条叫大夏的河流那里。如果当时他走到那里，甚至说走到湟水那里，不知他对黄河的猜想又会怎样。大夏河的两岸，生活着的全是羌人。这使人不得不猜想，也许他们才是大禹的族人。《山海经》上讲，青海与新疆整个西北方位的山神为人面羊身，这不就说的是羌人的形象吗？而四千年前出现的齐家文化，基本上就是在青海、甘肃、宁夏、陕西一带的文化圈。这难道是大禹最早建立的大夏王国？

比它更早的还有马家窑文化，比马家窑文化更早的是大地湾文化，与其相连的便可能是伏羲文化。大地湾是今天以考古形式发现的文化，而昆仑山是我们一个民族的古老记忆，它们都在西北，要远比中原文化早得多。这就说明在中原文明中心说建立之前，在西部本身就有一个文明的中心。以此为例，在良渚、山东大汶口以及内蒙古的兴隆洼一带，也有一些文明的中心。

统一是迟早的事。这与中国的地理环境相关。它诞生了中国人的世界观和方法论。中国最早不是一个国家的称呼，而是天下之中。所以中国人心中的地理观是天下观，不是国家观。头顶是天，脚下是大地，星空是九宫形，大地是九宫形，人也是九宫形。所以，天下就可分为九州，这是以天的形象来进行划分的，也叫地法天。而人也是九宫形，就成为针灸学和中医学的基础。所以叫人法地。那么，天又法谁呢？自然。

这里的自然并非我们今天所讲的大自然概念，它只是其中的一部分。自然是对整个世界存在状态的一种概括，包括所有能见的、不能见的、可知的、不可知的，还包括一切思维活动。当然，我们能理解的就是天地运行法则和大自然的活动，我们不能理解的是这种自在的状态是如何形成和运行的。

在这样一种思维下，中国就必须统一，因为它是天下。西方是岛屿国家，一个岛屿是一个国家，所以它要求人们早早地集合在一个城市中，形成国家的最初形式。那些国家与国家之间并没有统一的认识和思想，所以他们不断地联合，不断地融合。融合到一起时便开始寻求统一，因为这是文化的内在要求所决定的。

如此复杂地叙述，只是要证明一件事，即中原文明中心说是后来形成的，是天下观不断运行的结果，是自然地理起作用的结果。

【凿空西域】

夏桀是大禹的后代，德衰而亡天下，天命也。天于是让其流亡于北方草原。

一千多年后,不知道他们还记不记得自己是谁,即使知道,也要如孔子所说的进行再次正名,而这个需要正的名是道德之名。

从冒顿的弑父行径来看,匈奴虽强大,但没有道义。其确为北方的野蛮人。这为大汉后来讨伐匈奴提供了强大的道义支持。这一点,我们后来的中国人都记得,但怎么也想不到那些被我们赶到西亚和欧洲的匈人曾可能是我们的兄弟。

如同刘邦死后很久少年刘彻做了汉家天子一样,冒顿单于死后很久军臣单于成了匈奴王。但那时,匈奴人中还流传着冒顿单于的故事。刘彻听了几个俘虏来的匈奴说冒顿单于把月氏人赶到西边,并拿着月氏王的头颅来喝酒,感到不可思议,但好在那个魔鬼已经死了很久,而月氏人应当还记得那个耻辱,所以,他就生出一个想法,派一支人马去遥远的西北,与月氏人的仇人匈奴取得联系,一同把匈奴人赶走。

汉中人张骞揭了皇榜,带着一百多人浩浩荡荡出发了。当他们刚刚渡过黄河时,就被匈奴人围住了。

张骞大喊,我们是汉朝的使者,要出使月氏国。

匈奴人一听,说,那好吧,那你就跟我一起去见我们的单于吧。

于是,沿着黄河,他们到云、代一带见了匈奴单于。那时,匈奴分为三部分。东部,全是左贤王管辖的地方;中部,就是今天的内蒙古、山西、河北、陕西以北的地方,以云中、代地为中心的广大地区,由单于自己来管辖;陕西西北、宁夏、内蒙古西

第一章 战略反击

部、甘肃的河西走廊、新疆部分地区，全由右贤王管辖。河西走廊是匈奴的右臂，过去曾是九州之雍州的一部分，也是中华之右臂。后来汉武帝把河西走廊至新疆部分地区的匈奴赶走后，从酒泉郡中分出一部分，命名为张掖，意为断了匈奴之右臂，而汉帝国也张开了自己的右臂。此是后话。

当少年天子刘彻阅读着《山海经》，一一辨认当时的山水，并确定远古之九州时，他看到了后来文人们都不清楚的一个天下版图。那就是大禹王确立的天下观。那时，是河图洛书思想开始盛行的时候，也是以九为数来治理天下的时候，所以夏朝的天子之乐名叫《九歌》，天下分为九州。这有什么道理吗？至今我们也不能解释清楚。但宋代的学者们提供了一个河图洛书的样式，这种样式原来是古代天文学或星象学的地图。洛书就是八卦图的形状。最北边就是北极星的位置，是"天一生水"的地方，是坎位；最南方是九所在的位置，是太阳最热的时候，是离位，是百姓待的地方，所谓"离离原上草"说的就是这个意思。皇帝坐北朝南就是坐在太极位，面对的是百姓。他的东边是春天，是万木生长的地方，是震位，也是文官们站的位置，因为智慧出自东方。而皇帝的右手也就是西边，属金，所以是武将们站的地方，是兑位。除了这四个方位外，东南西北四个角又是另外四个方位。单数为阳，在东南西北四个正位上，双数为阴，在四个角上。

这是我们经常看到的在中国古代院落里用的方位图。河西走廊东部凉州人的那些土房子几乎都是这个样式。北京的四合院大体也是这个式样。房子如此，人也一样。天下的中心在中原，其北方是北极星的地方，左臂伸开就是东北，一直到朝鲜半岛，右臂伸开就是西北，一直到葱岭。我们现在忘记了天空，其实人、房子和国家的样子是按古人的星相图建立的，至于我们为什么现在拼不出天空的九宫图来是另一回事，因为我们对天文学的认识已经模糊了。但是，地法天，地是按天上的样子设立的，这就是九州，房子是九宫图，人自然也是。这就叫天人合一。

当匈奴向南陈列铺开自己的版图之时，他们也是把中心放在了想象中的中原，否则，我们就不能说占有了河西走廊就断了匈奴右臂。这说法可能太牵强，但是如果把匈奴的北边版图和汉朝版图合起来看，便是大禹的九州版图。

不能说匈奴就没有天下观，不能说大禹失德的子孙们就没有九州观念。他们一定也想重新恢复九州的格局。年少的汉天子则太想了，这实际是他几十年要实现的梦想。他不但要把北方的匈奴打败，还要把西南角打通。天下观和九州观一直在他的思想里激荡着，行动着。

所以，他派出了张骞。但张骞被俘后被送到了军臣单于跟前。军臣单于对他礼敬有加，希望他投靠匈奴。张骞不愿意，单于因此扣留了他，但给他娶了妻子，这个匈奴妻子后来还为他生

第一章 战略反击

下了儿子。

这是司马迁的《史记》里记录的情形。从这些情形来看，军臣单于不像是一个不讲理的人，也不像冒顿那样残暴无度。

但张骞是个重信义的人。在中国历史上，如此重信义的人还有几个。一个是俞伯牙，因为钟子期之死而不再弹琴，世上没有了知音；一个是高渐离，因为荆轲刺秦不成而亡，他复击筑再刺秦而亡。在张骞没有揭皇榜时，张骞与刘彻并不认识，自然也谈不上对刘彻的忠诚，而在他们相识之后，张骞对少年天子刘彻有一种难以用君臣关系来形容的情感。

我们可以猜想，在张骞出使西域之前，刘彻和他肯定有一次彻底的交心。汉天子的雄才大略和对他的信任征服了他，使他可以在匈奴营里不顾老婆儿子而逃走了。要知道，他在匈奴那里整整待了十年。匈奴人对他的好，他是看在眼里的，但他的心，却仍然在汉天子那里。我们今天已经无法知道当时张骞是怀着一种怎样的情感和决心去西域的，但一定是将生死置之度外的，一定是认为自己和汉天子一样可以创造历史。要知道，在历史上，他是第一个去开凿西域的人，这是何等壮伟的事业！

在一个无比平常的日子，张骞悄无声息地从匈奴那里逃跑出去了。和他一起逃走的还有匈奴人甘父。他们一直跑到了乌孙。乌孙人告诉他们，月氏人早已去了大夏那边。于是，他们又千辛万苦地去了大夏。当时月氏人把大夏人赶走后，在那里建立了自己的帝国。但在佛教的影响下，他们竟然放下了仇恨，不愿意再与匈奴打仗了。

作为结盟桥梁的仇恨竟然被月氏人抽走了。张骞在那里苦待了将近两年，把附近各国情形都考察清楚后，只好回国了。本来他们是想通过羌人的地盘绕道回国，可不知怎么又被匈奴人发现，再次被俘虏了。幸好当时匈奴内部动乱，他才趁乱带着匈奴妻子和儿子回到了汉朝。

张骞出使西域前后十三年。这是一种令今人无法想象的忠诚和毅力。他回到长安时，汉家天子亲自接见。他们畅谈了三天三夜。他把在西域的所见所闻都一五一十地汇报给了天子。

张骞是中国历史上第一个被真正认可的见过世界的人。他给汉武帝描绘了一个极为精彩的西域世界图景，这个图景被司马迁记录了下来。但司马迁同时也感到迷茫，天下并非大禹描绘的九州，九州之外，还有另一个天下。那个天下名叫西域。

于是，他的这次出行，被史学家形容为"凿空西域"。

【河南地之战】

在张骞还未返回到长安的前两年，也就是公元前128年，汉武帝元朔元年，匈奴军臣单于决定再次举兵攻击长城防线。

匈奴大军分三路入侵，其中，东路大军攻击了汉朝的辽西

第一章 战略反击

郡，中路大军攻击了渔阳郡，军臣单于自率西路大军攻击雁门郡。在匈奴骑兵的攻击下，三军损失惨重。辽西郡太守被杀，渔阳郡韩安国部几乎全部战死，雁门郡汉军战死一千余人。

在匈奴大军的凶猛攻势下，汉朝边境纷纷告急，但长城防线依旧牢牢掌握在汉军手中，军臣也知道，匈奴骑兵野战尚可，要攻破坚城林立的长城防线，短时间内尚难办到。他在攻打完三郡后，还像以前一样等着刘彻上门求和。

但军臣没有等到刘彻的求和团队，等来的是汉朝的反击大军。军臣单于还未意识到，汉朝到了刘彻之时，已经有了六十多年的中兴。在刘邦受辱之后，汉朝就知道了自己的短板，所以文景二帝发展经济，与匈奴采取和亲政策，韬光养晦的同时，还大力发展畜牧业，天下各郡国都养了很多马匹。到了汉武帝时，他为了鼓励养马，甚至颁布了历史上"令人发指"的政策，说养一匹马可以抵三口人的兵役。某种意义上讲，一匹马与三个男人的价值是等同的。此政一出，天下养马成风。

汉武帝在位时，还整顿了吏治，天下都听中央的声音。他通过一系列的政策，把文景之世兴旺起来的大地主的财富大半归于国库，把个人强大变为国家强大。最后通过董仲舒的"罢黜百家，独尊儒术"统一了思想，完成了中国自先秦以来的思想大一统。此一思想在后来经过司马迁的历史解读后，转变为强有力的中原文明中心说。

有了这样的物质和思想基础，汉武帝便一改汉朝对匈奴的求和政策，开始布局对匈战争，以期解除千年来中原王朝的北方隐患。所以，当军臣单于还拿以往的经验来逼迫汉武帝和亲时，自然遭到了无情的拒绝。甚至汉武帝还向匈奴防守薄弱的河南地发动了反击。

此处的河南地就是指今天的河套平原，那里地势平坦、水草丰茂，既可以耕作也可以放牧，现在仍旧是国家重要的粮食产地。而且，河南地区的战略位置十分突出，它距长安不足千里，一直是匈奴前沿保障基地。因此，一旦汉军夺得河南之地，匈奴不仅将失去最重要的产粮和牧区，还失去了战略前进基地。

公元前127年（元朔二年），匈奴左贤王率军攻击了汉朝上谷、渔阳两郡。汉军出战不利，被迫退守。以此败为契机，汉武帝开始暗中部署收复河南地的战役。一方面，为了实现出其不意攻取河南地的战略，汉武帝让韩安国部向东移驻右北平，造成汉朝全力防守东线的假象，吸引了匈奴主力；另一方面，刘彻让车骑将军卫青和将军李息带领汉朝精锐的五万骑兵经榆溪旧塞，出云中郡，采取马蹄形的大迂回攻击路线，兵锋直指河南地。而且为了保质保量地实现汉武帝的大迂回战略，卫青和李息在出云中郡后，先是向西北急进，到达高阙，再向南折回，然后又沿黄河与贺兰山麓返回陇西。这种大迂回的战略不仅达到了出其不意的突袭作用，还有效隔断了河南地匈奴和高阙以北匈奴军队的联系。

在完成对河南地的包围后，卫青和李息对驻扎在该地的匈奴白羊王和楼烦王两部发动了猛烈进攻，一举击溃了匈奴军，俘虏数千人，牛羊百余万头。白羊王和楼烦王率领残部向北逃跑，卫青和李息率军追击，连战连捷，一举收复了河南地。

这一战，汉军不仅收复了河南地，断绝了匈奴主要的粮草基地。最重要的是这一仗是汉朝和匈奴开战以来，汉朝取得的第一次大胜，极大地鼓舞了军民士气。汉朝夺得了河套平原后，将防线北移到了黄河沿岸。为了巩固边防，汉武帝在河南地置五原郡与朔方郡，招募十万流民移民到朔方进行屯田生产，修筑边防，河南地成为汉朝重要的军事桥头堡。

【漠南战役】

失去河南之地后，匈奴单于在阴山南麓的单于庭就直接暴露在了汉军兵锋之下。为了消除这一威胁，匈奴发动了多次反击战，试图夺回河南地。但是汉军坚强地顶住了匈奴军队的进攻。

公元前126年那个寒冷的冬天，军臣单于在失去河南地的忧愤中去世了。他儿子于丹正准备登单于位的时候，忽然收到叔父左谷蠡王伊稚斜谋反的消息。这位年轻的王储根本不是老狐狸伊稚斜的对手，在伊稚斜叛军的打击下很快失败了。最终，于丹带着残部投降了汉朝。

汉武帝看到匈奴内乱，心下大喜。他封于丹为涉安侯，准备借着为于丹争回单于位的名义发动对匈奴的新一轮进攻。可军事计划还未实施，于丹就死了，这一计划也随即胎死腹中。伊稚斜反叛上位后，虽然得到了许多匈奴贵族的支持，但匈奴内部依旧有许多人对其篡位行径议论纷纷。为了转移国内民众视线，伊稚斜决定主动向汉朝进攻。他多次发兵攻打代郡、雁门郡、定襄、上郡等地，给汉朝造成重大损失。

面对伊稚斜的屡屡进犯，刘彻不得不重新组织对匈奴的第二次大反击。这次，他把目光投向了匈奴右贤王。

那是在张骞返回长安之时定下的大计。张骞趁着匈奴内乱逃回时，便向汉武帝描绘了匈奴右贤王的情况。

公元前124年，刘彻让卫青带领十万汉军突袭了匈奴右贤王部。为了达到声东击西的奇袭效果，汉武帝派李息和张次公先大张旗鼓地攻击了匈奴左贤王，吸引了匈奴全部注意力。而卫青和他的精锐骑兵则悄无声息地出塞七百余里，在一个月黑风高的夜晚逼近了匈奴右贤王的大帐。当汉军发动攻击时，右贤王才被部下从床上拉起来，出门一看汉军已经包围了大营，便立即带着妻儿一溜烟跑了。右贤王跑了后，他的部众大多放下武器选择了投降。

战后打扫战场，卫青发现这一仗斩获颇丰：俘虏匈奴15000多人，牛羊牲畜数百万头，可谓大胜。汉武帝接到战报后，大喜过望，派使者带着大将军印到军中封卫青为大将军，食邑6000户（一说8700户）。

右贤王势力被摧毁后，伊稚斜依旧不断率部侵犯汉朝防线。刘彻为了巩固战果，又派卫青率军直捣伊稚斜的单于庭。双方正面交战一番后，卫青退守到了定襄。数月后，卫青带领休整后的军队再次逼近阴山地区，双方接战后，匈奴左贤王率领的援军忽然出现在了战场上，包围了汉军的赵信和苏建部。一番鏖战，汉军前军损失严重，原为匈奴降将的赵信一看局势不利，就索性率领本部八百骑兵投降了匈奴。卫青只好率军全力营救苏建部，在救出苏建后，卫青又打败了左贤王，伊稚斜只好引兵撤退，卫青也只能撤兵。

这一仗，汉军斩杀匈奴近两万人，但自身也损失严重。最为严重的是，反叛的赵信对汉朝经济、军事和政策相当了解，成为汉军大患。战后，伊稚斜听从了赵信的建议，率部离开了阴山，退到了大漠以北，修建了赵信城。

【河西之战】

公元前123年的一个早晨，一个少年拿着张骞描绘的地图，带领着一支万人骑兵团悄悄地沿着渭水西进，在兰州渡过黄河，翻越乌鞘岭和焉支山，如天兵神将降临到了河西。睡梦中的匈奴浑邪王和休屠王赶紧起身迎战，但为时已晚。

霍去病的骑兵犹如割草一样，斩首近万匈奴兵，夺取了匈奴休屠王的祭天金人。汉军这种大纵深、大迂回的包抄战术，一时间让匈奴损失惨重，也让汉军备受鼓舞。

霍去病这次出征，刘彻的初心是检验下这个毛头孩子的能力，他要是能深入匈奴腹地后，还能全须全尾地回来，汉武帝就心满意足了。但令他吃惊的是，年轻的霍去病不仅带兵转战千里，还一战灭掉了匈奴如此多的军队。大喜之下，在霍去病胜利归来后，汉武帝加封霍去病2200户。

那年夏天，霍去病带着数万精锐骑兵从北地（今天甘肃宁县附近）再次出发了。汉武帝还派老将合骑侯公孙敖率军从陇西出击，准备在祁连山附近会师后，一起发动对匈奴的总攻。

谁知公孙敖的部队在茫茫大漠中迷失了方向。霍去病倒是一路顺风顺水，渡黄河，翻贺兰山。他向北进军到居延海后，又顺着额济纳河南下，攻下酒泉，在张掖举行了盛大阅兵。再转了一圈后，他率军到了祁连山，这里是他和公孙敖约定的会师之处。他不知道公孙敖还在沙漠之中转圈，在等了许久后，他知道公孙敖是指望不上了，于是便带领自己的军队独自向匈奴发起了进攻。没想到一战便斩杀匈奴军三万多人，稍后他又率军接受了浑邪王、休屠王的投降，完全掌控了河西走廊。

失去河西走廊，匈奴就失去了右臂。匈奴人赶走月氏人后，

第一章 战略反击

在这里已经生活了六七十年，好几代人了。这里已经是他们的故乡。所以，失去河西走廊的匈奴人赶着羊群一边向漠北走，一边哭着唱道：失我祁连山，使我六畜不蕃息。失我胭脂山，使我妇女无颜色。

当时为了减轻霍去病的军事压力，刘彻又命令博望侯张骞和郎中令李广率军从右北平出发，对匈奴左贤王展开了进攻，并成功吸引了伊稚斜单于的主力，为远在河西的霍去病解除了后顾之忧。

但是这次出击，张骞也遇到了和公孙敖一样的困境，竟然迷路了。所以，当李广的四千骑兵达到约定地点的时候，直接被左贤王部四万余骑兵包围。飞将军李广只得率军与敌人拼死搏杀，等到第二天张骞援军到达的时候，李广的军队几乎都拼光了，只得在张骞的护送下急忙退出了战场。

四路大军班师回朝后，汉武帝高调地表扬和封赏了霍去病。李广虽然神勇，但他把部队都拼光了，只落得个功过相抵。而迷路的公孙敖和张骞，直接被一贬到底，削职为民。

【封狼居胥】

在中国历史上，恐怕再找不到第二个能与霍去病相提并论的少年将军了。他仿佛一道闪电，划过历史的夜空，降临在汉武帝身边。当汉武帝希望为他娶妻时，他说，匈奴未灭，何以为家？

当汉武帝要他学习兵法时，他说，打仗主要看胸中有无韬略，不在于学习古人兵法。他平时说话很少，但一旦说话，敢作敢为，有勇气，有担当。相比他的舅舅卫青来说，他似乎缺少一些情商。他不会周全左右，只知道打仗。卫青就不一样，他总是能周全万有，以柔顺来取得皇帝的信任，但是，天下只颂扬霍去病，并无人赞扬卫青。

但这样一个用情用力专一的人，就像历史上那些天才一样，早早地陨落了。霍去病，这个名字听上去自带吉祥，但事实上使他英年早逝。

公元前119年，汉武帝刘彻在霍去病攻取河西之后，准备发动漠北之战，跨过千里黄沙阻隔，攻打伊稚斜的单于庭。

千里远征，刘彻知道这是一次极为冒险的战役。为此，刘彻进行了充分的战争总动员，短时间内集中了大量的战争资源，不仅建立了一支数十万人的后勤保障军队，还从民间征调了十余万战马，建立了强大的骑兵部队。

但最为重要的是领兵的将领。这一次，汉武帝动用了西汉最耀眼的两个战将——被誉为"双子星座"的卫青和霍去病，并为他们配备了最强悍的副将。卫青的右路大军包括了李广、公孙敖、赵食其、曹襄、常惠、遂成等出色将领。霍去病的左路大军囊括了赵破奴部、安稽部、卫山部、李敢部、因淳王复陆之部、路博德部、渔阳太守解部，以及投降过来的楼专王伊即靬部等。

第一章 战略反击

从配置上看，霍去病左路大军的骑兵实力更为强悍，实力也更加强大，几乎都是"敢力战深入之士"。霍去病也是刘彻这次战略里最锋利的战刀，承担着一举歼灭匈奴主力的重任。

根据战前侦察到的情报，匈奴的主力在西边，所以刘彻安排霍去病从西路进军，而卫青则进攻东部。

但霍去病刚到前线，就抓到了几个匈奴人，在他们口中，霍去病得知匈奴单于实际在东部。刘彻得知这一情况后，没有做进一步的侦查核实，一拍大脑就立即调换了卫青和霍去病的攻击方向。这一改变，对后来的战局产生了极大影响。

话说，伊稚斜单于得知汉朝发动漠北战役后，一时间也惊讶不已。但他还是听从了赵信的建议，不主动出击，等汉军远涉沙漠后，再以逸待劳，对其疲惫之师发动攻击。

而向西进攻的卫青，也从俘虏口中得知伊稚斜单于就在西部，根本不在东边。这时候，再调换攻击方向已经来不及，他只能带着他的辅助军队承担起了主攻任务。

他让李广及赵食其率军从东边进攻，侧面攻击匈奴。自己则带领主力千里跃进，正面攻击伊稚斜的大本营。然而这次李广、赵食其和前面的公孙敖和张骞一样，也迷路了，未能按期到达。卫青只能率军和伊稚斜面对面开战，双方激战至黄昏，都不分胜负。正在相持阶段，忽然大漠上刮起了猛烈的龙卷风，卫青见状，立刻从本部大军中分出两部分士兵执行侧翼包抄任务。匈奴军队正面接战尚可，一发现自己被包围，立刻乱了神，纷纷败下阵来。伊稚斜单于见势不好，带着身边卫队就跑了。

卫青急忙带领军队一路紧追不舍。第二天，卫青部已经斩杀匈奴近二万人，但还是让伊稚斜单于跑掉了。卫青带人焚烧了赵信城后，押着俘虏和牛马高高兴兴地凯旋回朝。大军回到漠南的时候，卫青才看到姗姗来迟的李广和赵食其部。卫青派人责备他们：仗都打完了，还来干什么？要不是你们贻误战期，伊稚斜也不可能跑掉。

飞将军李广当时已经是百战老将，一生未封侯的他，想在退休之前实现自己的封侯梦想，而现在非但没有实现梦想，还惹下如此大的祸事。白发苍苍的老将军提着剑在帐内徘徊，叹息着时运不济，命途多舛。他对手下的人说，他不能承受被年轻将领责备的耻辱，遂拔剑自杀了。

而原本担任主攻的霍去病，在阴差阳错下承担起了攻打软柿子左贤王任务。对霍去病来说，这又是一次辉煌的战争艺术表演。

这一次，霍去病将骑兵运用得连匈奴人都佩服不已。他完全抛弃了后勤，轻装急进二千余里，一路追着左贤王跑。他追过了鸡侯山，度过了弓庐水，兵锋到达今天蒙古国乌兰巴托以东的狼居胥山。这一仗，霍去病斩杀了北车耆王，俘虏了屯头王、韩王等小王，斩杀匈奴兵七万多人。

那时，年轻的霍去病，突然诞生了一个念头。他学着汉武帝到处祭山的方式，在漠北也进行了一次封禅活动。在狼居胥山祭拜了上天，在姑衍祭拜了地。从某种意义上讲，这就把匈奴的信仰之路给断了。从夺得祭天金人到现在的封禅，霍去病完成了自己的天命。

这场漠北战役汉军共消灭匈奴军九万余人，使其实力大损。但西汉亦损失兵力数万人，马十万余匹。此后，双方暂时休战。漠北之战后，汉武帝派人修筑了光禄城、居延城、今居城，又招募大批贫民向北屯田，充实边防。

经过这次大决战，威胁汉朝百余年的匈奴边患已基本上得到解决。从这个意义上说，漠北之战实是汉武帝反击匈奴战争的最高峰。

不久，天才霍去病病死了。这名字并没有保佑他。他死后，汉武帝命人为他立冢，冢似祁连山。他的魂魄仿佛又回到了河西走廊。那是他飞翔驰骋的地方，是他犹如战神般降临的山川。

丝路风云

SILU
FENGYUN

第二章

远征大宛

一场汗血马引起的战争

【天马西来】

公元前119年，汉朝和匈奴爆发了漠南之战，匈奴再次战败，并彻底退出了漠南地区。当时的匈奴单于伊稚斜希望从西域搜刮更多的财富和兵员，于是进一步加大了对西域的掌控和压榨。而汉武帝为了断掉西域这个匈奴重要的财源和兵源地并得到张骞口中的西域天马，也迈开了经营西域的步伐。

汉武帝再次启用先前战争中作战失利而被贬为平民的张骞，册封他为"中郎将"，带着庞大的使团和丰厚的财物出使西域大国乌孙。此行的目的主要是邀请乌孙国返回敦煌一带的故土，成为汉朝和匈奴之间的缓冲屏障。

张骞的第二次西行比第一次轻松得多，浩浩荡荡的队伍有说有笑就到了乌孙。当时的乌孙王是猎骄靡，他曾在匈奴长大，后来又反叛了匈奴，因此自视甚高，不把张骞和汉朝放在眼里，只是答应了和汉朝通商，结盟的事还要再考虑。

张骞眼看结盟无望，便退而求其次，将手下的几十号副使撒网一样撒到西域，让他们去联络其他的西域国家。

元鼎二年（公元前115年），张骞带着数十位来汉朝参观和商谈通商事宜的乌孙使者，以及乌孙良马回到了长安。当然，一并带回来的还有他未能劝说乌孙东迁和结盟的遗憾。带着这个遗憾，这位被司马迁称为"凿空西域"的西汉杰出探险家、外交家在第二年就和他未尽的西域梦一起离开了人世。但两年后，他撒到西域各国的副使们带着大夏、康居、大宛等国的使者陆续回了长安。这一盛况张骞是看不到了，但张骞的事迹和精神却激励着一批又一批的汉家儿郎前往西域建功立业。一时间，许多平民和底层官吏都纷纷跑到汉武帝面前请缨出使西域。这些人中，有人为了建功立业，有人则纯粹为了贪图财物。他们中的一些人不仅暗中贪污汉朝给西域各国的礼物，还对接待他们的西域各国颐指气使，要求高规格接待。这种行为使得西域各国怨声载道，逐渐开始怠慢汉使。后来，两个和匈奴关系紧密的小国车师和楼兰公开联合匈奴骑兵截杀汉使，抢夺他们的财物。汉武帝相当气愤，于公元前108年派赵破奴率军出征西域。大军出玉门，赵破奴让副手王恢率700骑兵偷袭楼兰，自己领大军围攻车师。灭了楼兰、车师后，赵破奴率军进抵乌孙国境，整个西域震动。乌孙王急忙出城犒劳汉军，并表示愿意和汉朝交好。匈奴单于听说乌孙与汉朝交好后决定起兵攻打乌孙，乌孙王猎骄靡无路可退，只能全面倒向汉朝，以求得汉军庇护，他向汉武帝提出和亲，并进献了一千多匹好马。汉武帝见到乌孙良马后极为高兴，想起先前占卜中提到的"神马当从西北来"的卜辞，将乌孙良马称为西极天马，为此还创作了一首《西极天马歌》表达激动心情：

第二章 远征大宛

天马徕兮从西极，经万里兮归有德。

承灵威兮障外国，涉流沙兮四夷服。[1]

得到乌孙天马后，汉武帝命令皇家养马场积极配种，扩大数量，以便组建更强大的骑兵。不过还没等汉武帝的养马计划得以顺利实现，匈奴人再次打上了门。

公元前102年，匈奴骑兵再度攻击了汉朝边境，对汉地进行大规模劫掠，由于先前对匈奴的战争消耗了大量的战马，汉朝已经没有能正面迎战匈奴的骑兵部队，只能在边防之地固守城池，最后被匈奴骑兵集中优势兵力围困屠杀，损失惨重。汉武帝接到战报后，急切地想恢复汉帝国骑兵的战斗力，这次他想起了张骞生前提到的西域最好的战马——可以日行千里的大宛汗血宝马。

在张骞和一些使者的讲述中，大宛的汗血宝马是真正的天马后代。传说天马当时生活在大宛国人不能至的高山之上，人们一直想诱捕天马，无奈一直不能得手。于是，大宛国人便在山下准备了五色母马，这些色彩鲜艳的母马吸引了天马注意，天马下山来和母马交配，生下的杂交种是一种汗液呈红色的神驹，被称为汗血宝马。实际上，汗血宝马本名叫阿哈尔捷金马，是产于土库曼斯坦科佩特山脉和卡拉库姆沙漠间绿洲的良马，其具有异常强大的奔跑速度、耐久力、负载力，其耐寒、耐渴能力也异常强大。

---

[1] 郭茂倩：《乐府诗集》，中华书局，北京，1998年。

对于急需壮大骑兵的汉武帝来说，大宛汗血宝马是比西极天马更大的诱惑。他让韩不害和车令两人带着二十万两黄金和一匹黄金铸造的金马去大宛求马。

韩不害和车令一路车马劳顿，风餐露宿，终于达到了大宛国首都贵山城，见到了国王毋寡。毋寡当时在大汉和月氏、安息等国的贸易中拦路收费，和汉朝的关系已经不如当初张骞出使西域时友好。他听到汉朝想要求国宝汗血宝马时，心里是不情愿的，毕竟是国宝。但看到汉朝带来的二十万两黄金和金光闪闪的金马，这个极度崇拜黄金的国王提出要和群臣商量。但商量的结果却大出韩不害和车令的意料：宝马没有，黄金留下，人滚蛋。

车令是当时汉朝有名的壮士，听到毋寡与明抢无异的答案后，当场愤怒地砸碎了金马，带着黄金气呼呼地走了。

毋寡看着碎成一地的金马，觉得自己受到了天大的侮辱。于是他让人快马传令给汉使要经过的郁城城主，让他截杀汉使，抢夺黄金。结果是韩不害和车令双双遇害，除了一个侥幸逃脱的向导外，使团成员也悉数被杀。消息传到长安，举国震怒，当然最怒的还是汉武帝，他立即着手安排远征大宛的军事行动。

【刺石成泉】

在汉朝征服西域的过程中，有许多与名将有关的地名传说。

如公元前121年，汉朝设立了酒泉郡。对于为何将该地取名酒泉，传说是霍去病在河西之战中击败了匈奴后，汉武帝给他赏赐了一坛佳酿。霍去病为了让每一位士兵都能喝上皇帝赏赐的美酒，就将酒倒入泉水之中，三军畅饮，泉水自此有了酒香，故名酒泉。而今天甘肃敦煌五墩乡安敦公路附近的悬泉置的得名，则与汉朝一位叫李广利的将军有着莫大关联。

李广利原本是长安一地痞流氓，因为美丽动人的妹妹被汉武帝宠幸，得以进入宫廷为官。汉武帝一直想给他封官晋爵，但因为他的确没有任何可以拿得出手的功业，一直无法实现。但汉武帝一直觉得他这个小舅子也能像先前卫青一样建立不世功勋。在决定远征大宛后，汉武帝封李广利为"贰师将军"，给了他一次建功立业的机会。

公元前104年，李广利带着汉武帝扬威西域和自己建功立业的雄心从长安出发了。这支数万人的大军艰难地越过广阔的沙漠戈壁，跨过河流雪山，向着数千里外的大宛进发。曾率七百骑兵一战灭楼兰的浩侯王恢被选为向导官，他带着大军顺利通过了无人区，进入了西域境内。当时，关中平原正经历着一场数十年不遇的蝗灾，漫天的蝗虫把粮食都啃食得差不多了，所以，李广利军队所带粮草极为有限。好在当时经过前期张骞等人对西域的经营，许多西域小国愿意给汉朝提供补给。但以往仅仅只需要补给过往的汉朝使节的西域小国，现在被要求给李广利的数万人马提供补给，瞬间感到压力山大。

因此，逐渐便有一些西域国家开始拒绝给李广利的军队提供补给。李广利大为光火，便纵兵抢粮。这种行为深深伤害了西域各国的心，他们坚壁清野，不给李广利的汉军留下一粒粮食，李广利和他的部队不得不靠攻打坚固城池才能获得所需粮草。

一路攻城拔寨，饿一顿饱一顿的汉军到达大宛郁成城时，数万人马只剩下数千，还丢失了几乎所有的攻城器械。但仗打到这个份上，已经没有了任何的退路，李广利也只能指挥剩下的几千人开始攻城。

没有大型攻城器械的骑兵和步兵显然攻不下防守严密、城池坚固的郁成城。鏖战数日，李广利听闻大宛国王毋寡率领的援军正赶来增援，只得下令撤退。汉军退到玉门关时，听闻李广利无功而返还损兵折将的汉武帝异常气愤。他派使者带着诏书将李广利的残兵败将挡在了玉门关外，并下令"败军敢入玉门关者，斩。"

如果是李广交出这样的战绩，肯定早被汉武帝削职为民，甚至送上军事法庭了。但因为李广利是刘彻最宠爱的李夫人的哥哥，李广利哪怕真是一块烂泥，刘彻也要将他扶上墙。

在战争史上，要赢得战争，除了奇谋与高超的战略战术以外，就是绝对的实力碾压。一心要让李广利战功封侯的汉武帝想，既然李广利没有卫青和霍去病那样的奇谋与高超的指挥才能,那就给他绝对碾压大宛国的强大军力和后勤保障吧。

于是,汉武帝给李广利又准备了一支远征大军。

这一次,刘彻可谓下了血本,光是精锐骑兵就达到六万余人,还将五十万只羊作为随军肉食拨给了李广利。此外,他还从全国征调了十几万的恶少和罪犯充实到李广利的步兵中,并调集了大量的攻城器械随军出战。当这支浩浩荡荡的大军迎着夕阳向广袤的西域进发后,汉武帝想,这碾压式的军力,哪怕是傻子指挥也能够打败大宛了吧。

大军从敦煌开拔后,李广利选择从西域北道进军。与先前不同,西域各小国看到如此强大的汉军,都热情地开门迎接,拿出全部家底供应大军吃喝。虽然李广利这次后勤殷实,吃穿用度不愁,但西域国家大开城门的迎接就是归服大汉的一种最好表态。但一个叫轮台的小国家却很不识时务地紧闭大门,拒绝汉军进城喝茶吃早餐。汉武帝想起第一次远征大宛时的遭遇,可谓新仇旧恨一起涌上心头,指挥大军围攻轮台,轮台王指望的匈奴援军迟迟没有消息,最终轮台被汉军攻破,李广利下令血洗轮台。

轮台被屠的消息很快传遍了整个西域,让整个西域都认识到强大汉朝的军事实力。攻破轮台有效提振了汉军士气,李广利意气风发,继续挥师西进,迅速包围了大宛国首都贵山城。

本来按照进军方针,李广利应该首先攻打上次折戟沉沙的郁成城。但上次兵败郁成的往事在李广利心中已经留下了巨大阴影,现在即使有比上一次更加强大的军队,李广利也失去了再战的勇气。与郁成城不同,处在大后方的贵山城的防守要薄弱得多。因此,李广利在派出一部分军队监视郁成方向后,便开始攻打贵山城。大宛国王毋寡还沉浸在上次打败李广利的胜利中,看到李广利再次率军前来,竟带着军队想趁汉军初到,立足未稳,先下手为强。但汉军迅速用密集的箭雨将毋寡和他的军队射退回城内。李广利趁机攻城,没想到贵山城池坚固,守备严密,即使汉军悍不畏死地搭云梯攻击,依旧未能攻破。李广利再次心急如焚。这时,一个叫赵始成的人建议掘断贵山城的入城水源,一旦城中水源断绝,城池必陷。

李广利高兴地采用了赵始成的办法,派人掘断了贵山城水源。贵山城迅速陷入恐慌,一些亲汉的贵族开始谋划政变,并迅速杀掉了国王毋寡,派人出城与汉军谈判。大宛贵族的使者向李广利表达了以下四点意思:一是杀掉汉朝使团和抢夺黄金是国王毋寡个人所为,现在罪魁祸首已经被杀了;二是大宛希望汉军给大宛一条生路,不要继续进攻贵山城;三是汉军如果退军,大宛承诺每年给汉朝献上汗血宝马,并赔偿汉军此次远征的一切费用;四是汉军如果拒绝和谈,大宛将会立刻杀掉贰师城的全部汗血宝马,并与汉军决一死战。

李广利正在犹豫中,忽然收到情报,康居国正发兵来救大宛。

接到这个消息,李广利立即同意了大宛贵族的和谈条件。他任命贵族中亲汉的昧蔡为大宛国王，派相马师到贰师城选取了上等马数十匹，中等马三千多匹，并带着大宛赔偿的军费高高兴兴地班师回朝了。

但班师回朝的过程中，李广利却接到消息，他先前派去防守郁成方向的一千多军队被郁成王杀掉了。李广利立即命令上官桀率军攻打郁成城，为保证能一举歼灭凶悍的郁成王和他的军队，李广利还邀请了当时西域的大国乌孙出兵相助。

汉乌联军迅速攻破了郁成，郁成王兵败后逃到了康居。汉军和乌孙军队直接追到了康居国，康居王也没傻到为了一个郁成王和两个大国开战，于是将郁成王交给了汉军。

在押送郁成王回国的时候，押送官赵弟在经过大宛国境时，怕郁成王逃散的部属来救他，便私自斩杀了郁成王。当然，赵弟不仅没有受到处罚，相反这个小小的军官还因此被汉武帝封侯。

解决了郁成王后，李广利带着得胜大军和数千汗血宝马踏上了归国的旅途。在大军到达今天甘肃敦煌附近的五墩乡时，数万人马已经疲惫不堪。更可怕的是，他们穿越大沙漠时，已将随身携带的水喝得一干二净。李广利只得暂时扎营，派人四处找水。但派出去找水的士兵都空手而归，李广利只得亲自去寻找水源。

李广利带着侍从来到一座秃山前，山上几无草木，山谷中是滚烫的戈壁砂石，但在山谷的悬崖上，李广利看到了"滴水石"三字，众人仿佛看到了希望，在悬崖四周找寻水源，依旧一无所获。李广利怒火中烧，对着悬崖叫喊道："滴水石，不见水，戏弄行人，徒有其名，毁我三军，留它何用？"说完，拔出随身佩剑向着"滴水石"三字劈砍而去，倏忽间，只见山石抖动，大风乍起，天崩地裂，悬崖间竟石破水出，涌出了一股清泉。远征军队见此顿时欢呼雀跃，纷纷上前饮水，水流激荡而下，自然成泉，这被后来过往的商旅使者称为"悬泉"。后来，人们为了纪念"刺石成泉"的李广利，也将这泉水叫作"贰师泉"，并在附近建立"贰师庙"。

对此，《西凉异物志》有着详尽记录：

汉贰师将军李广利西伐大宛，回至此山，兵士众渴乏，广乃以掌拓山，仰天悲誓；以佩剑刺山，飞泉涌出，以济三军，人多皆足，人少不盈，侧出悬崖，故曰悬泉。[1]

李广利在历史学家和许多文学影视作品中往往被塑造为草包将军的形象，但他远征大宛所带来的价值却是无比巨大的。李广利远征大宛的战争持续了四年多，一方面，劳师远征消耗了汉朝大量的人员物资。而另一方面，远征大宛的军事行动实际上为中西方的实际性交流奠定了基础，为后来那条被外国学者命名的"丝绸之路"的兴起和繁盛打开了一扇广阔的大门。

实际上，在李广利远征大宛后，西域各国充分认识到了大汉帝国的实力，从此诚心诚意对待大汉使者和商旅。更为重要的

---

[1] 阳飏：《我国最早的汉代邮驿机构》，《档案》，2015年第9期。

是，大汉帝国在战争中发现了后勤和信息传递的重要性，着手在敦煌到轮台之间建立驿站，设置了屯垦区域。从那以后，东西方的使团和商旅都可以将驿站作为中转之地，汉帝国也通过驿站实现了对广大西域的控制。从这个角度讲，将李广利称之为英雄也毫不为过，但这位将军后来的命运却是悲情的。

【将军末路】

在李广利得胜回朝后，汉武帝大宴群臣，封李广利为海西侯。拜将封侯的李广利成为汉武帝刘彻眼中能够接班卫青和霍去病的国之栋梁。于是，天汉二年（公元前99年），汉武帝再次让李广利挂帅出征匈奴。但李广利再次辜负了刘彻的期望，他带着大军跑进了匈奴人的包围圈。史书记载，这一仗"汉兵物故什六七"。而李广利还能带一部分军队突围，很大原因是因为匈奴主力被另一个传奇人物李陵所吸引了。

这次出征，为了保障李广利的后勤运输线，刘彻派了李广之孙李陵率领五千荆楚勇士给他做后援。虽然二人都姓李，但李陵的军事才干远远高于李广利。史书记载，李陵是李广儿子李当户的遗腹子，他从小就熟读兵法，练习骑射，曾独自带领800多骑兵进入匈奴地界进行侦查，并全身而退。当时许多人在他身上看到了霍去病的身影，但卫青和霍去病死后，不论是皇后卫子夫还是太子，日子都不好过。而当时李陵叔叔李敢的女儿是太子的女人。从这个角度上说，李陵是属于皇后卫子夫一派的，这就导致了他没有当年卫子夫受宠时霍去病的待遇了。前面讲过，当时汉武帝刘彻宠幸的是李广利的妹妹李夫人。所以，即便李广利是一块烂泥，刘彻也会一遍又一遍地将他抹上拜将封侯的墙。

我们可以想象，当李陵知道自己被安排给一个他眼中的草包将军管后勤时，他心中是何等的愤懑。与他爷爷李广坚决执行上级命令的性格不一样，李陵直接上书汉武帝，请求自己独自带领他训练的五千荆楚勇士实行侦查扫荡任务，必要时候可以起到疑兵作用。但在李广利兵败的时候，李陵也被匈奴单于率大军包围了。历史书上对李陵以五千步兵对抗数万匈奴骑兵有着详尽而动情的描写。在历史的叙述中，李陵的五千步兵扎营在浚稽山下，单于率军来攻，不想李陵军万箭齐发，匈奴骑兵瞬间伤亡数千，不得不四散退去。单于知道自己遇上了硬茬子，但毕竟是在自己的地盘上作战，他立刻调集左右贤王的数万骑兵围攻李陵。李陵看到匈奴又多了几万援兵，自知战斗已无任何胜算，便率军且战且退。单于一路率军追杀，怎奈李陵这五千步卒几乎人人都可以一当十，不仅阻挡住了匈奴骑兵的追杀，还在反击中杀掉了数千匈奴骑兵。看到李陵的军队越战越勇，单于曾一度想放弃追击。尤其是当李陵部退到离边关只有百里的时候，单于甚至猜想这是汉军一次诱敌深入的阴谋。那天夜里，单于在军帐中一夜无眠，他决定天明再组织一次对李陵的进攻，如若再不能胜利，他就撤军。

但命运之神并没有眷念李陵，他军内一个小小的下级军官因为遭受了不公正待遇，决定投降匈奴。这一降将李陵军中箭矢已尽，也没有援军的实情报告给了匈奴单于。这消息使匈奴单于大喜过望，迅速组织军队再次将李陵军队包围起来，发动了一次又一次的进攻。李陵最终兵败被俘，五千荆楚勇士也只逃出去数百人而已。

现在，我们已经不能知晓李陵被俘那一刻，他心中进行了怎样的思想斗争，我们也不清楚他是不是假投降。我们只知道汉武帝刘彻知道他投降匈奴后，将他全族诛杀，还将为他辩护的司马迁打入死牢，最终以领受腐刑而得生。匈奴是一个敬重强者的民族，李陵在匈奴倒是得到了很好的待遇，匈奴单于甚至将自己的女儿嫁给了李陵。从那以后，这个飞将军李广的嫡孙就成为单于的女婿。他对汉武帝杀他全族抱有深深恨意，但身体内流淌的汉族血液又让他不能对汉军举起刀剑，所以，即便单于让他领兵攻汉，他也只是装装样子，未曾真正与汉军为敌。

而他曾经的上级，那位远征大宛被封为海西侯的李广利，却在李陵投降后的两年，又领命率军攻打匈奴了。

这一次，李广利兵出朔方，兵锋直指单于庭。双方在余吾河岸边列阵厮杀。或许是两年前李陵绝境中拼杀的故事感染了他，这一次，面对单于的十余万大军，他没有退缩，勇敢地带头冲了上去。双方激战数日，李广利勉强和匈奴大军打了个平手。但汉军是远离故土作战，时间拖得越长，粮草就越发紧张。因此，眼看激战数日胜负不分的李广利就寻思退兵了。匈奴单于见他撤军，也不敢来追。因此，李广利的二征匈奴以不胜不败收尾，这对李广利本身来说，已经是巨大的进步。当然，欣喜的不仅仅是他自己，还有一直顶住压力对他委以大任的刘彻。

公元前90年，年老的汉武帝刘彻决定再次出兵匈奴，以期在他有生之年能彻底将匈奴这个威胁解除。那一年，李广利再次带着汉武帝满满的期许上路了。只是他不知道，他这一去，便再没回到大汉故土，再没见到那个始终对他信心满满的汉家天子。

刚和匈奴兵接触的时候，李广利还是打得不错的，一度杀退了来伏击他的匈奴骑兵。看着一次比一次好的战绩，他更加自信满满，指挥军队抵达了范夫人城。就像命运之神没有眷顾李陵一样，当李广利在梦想着用一次大胜来证明自己时，朝廷发生了有名的巫蛊事件。李广利一家被牵扯其中，他的妻子也被汉武帝收入监牢。

在前方打仗的李广利听到消息，建功立业的雄心早已经烟消云散，他只想着建立更大的功勋，以此将功赎罪，把家人保出来。

他不顾大军已经孤军深入，粮草不济的困境，指挥汉军渡过了郅居河。他一举击杀了匈奴左大将，还击败了左贤王。这样的战功如果是放在先前，李广利肯定见好就收，但得知家人被刘彻收监后，李广利急切地需要用一场更大的胜利来求得刘彻的原谅。所以，李广利指挥军队继续追击单于的主力，终于在今天蒙古国境内的杭爱山附近追上了单于的大军。双方随即展开厮杀，照例打了个平手。李广利眼见不能得胜，心中越发焦急，轻率地将大军扎营在旷野之中。没想到单于夜里派人在汉军的大营周边挖了一条很深的大沟。天明时分，单于主动发动进攻。汉军前有匈奴大军，后退发现身后是不可逾越的深沟，一时间阵脚大乱，军心溃散，被匈奴大军逼入了绝境。

李广利只好率军投降了单于，走了李陵的老路。

李广利投降后，匈奴单于也给予了他很高的地位，但这也给他招来了杀身之祸。当时，匈奴有一个叫卫律的人。他从小生活在汉朝，后来出使匈奴时投降了匈奴。他本就是匈奴人，所以在投降匈奴后一心一意地帮助匈奴对抗汉朝。李广利投降后，在匈奴享受到的待遇超越了卫律，嫉妒的种子开始在卫律心中发芽，并逐渐成长为参天大树。恰逢单于的母亲得了怪病，卫律趁机买通巫师，宣称是去世的老单于要用李广利的人头祭拜他。狐鹿姑单于听到巫师的话后，下令杀了李广利。

据说，李广利在临刑前悲愤地喊道：我死必灭匈奴！

史书记载，李广利死后，匈奴一连下了数月大雪，牲畜冻死无数。草原上也弥漫起可怕的瘟疫，人们才想起李广利死前发的怨誓。狐鹿姑单于一直是迷信巫术之人，见到此景，便知晓了李广利被冤枉的事实，于是厚葬了李广利，并建立祠堂供人们祭祀。

这恐怕是卫律没有想到的结局，活着的李广利地位超过了他，死后的李广利成了匈奴人祭拜的神。

而在中原主流的史学家和文学家眼中，李广利是草包将军的代名词，在各种历史记载和文学作品中被描述成了一个不学无术，胡乱指挥的昏庸将军。今天，我们已经不能穿越时代的烟尘去当时看看他的本来面目，但他远征大宛的举动，是陆上丝绸之路的肇始，从这个意义上说，这位被命运之手托举起来又被狠狠摔下的将军，无疑又是伟大的。

《汉书西域传补注》提到，贰师将军破大宛后，西域各国都十分畏惧汉朝的实力，纷纷派遣使者来大汉进贡，让将自己国家的王子送入汉朝学习。而且，汉朝在河西走廊建立无数的驿站和屯田基地，保护并为沿途使者和商旅提供后勤保障，使得陆上丝绸之路真正畅通。学者徐松在《汉书西域传补注》中就提到两条联系大汉和西域的大道：

"今自哈喇卓尔至罗布卓尔有二道，一由哈喇卓尔北，一由哈喇卓尔南皆经罗布卓尔南至塔里木河之南岸巴千噶顺，凡千八百余里。"[1]

---

[1] 徐松：《汉书西域传补注》，北京：中华书局，1985年。

丝路风云
SILU
FENGYUN

第三章
乌孙烽火

大国纷争中的西域骑士

第三章　乌孙烽火

咽咽复咽咽，羊车凤辇恩光绝。
新新复新新，驼裘貂帽来相亲。
昔为花月汉宫女，今作风沙胡地人。
汉宫胡地何分别，人生过眼如一瞥。
彩云易消月长缺，奈何婵娟涕如雪。
且喜华夷罢战争，天南天北乐升平。
一堆红粉垄头葬，百万儿郎边上生。
汉宫剩有三千女，岂惮边庭有强虏。
从此龙泉不用磨，但从天下选娇娥。
银鞍白马金橐驼，琵琶弦索声相和。
葡萄酒绿朱颜酡，婿家儿孙日日多。
年年只报烽火息，莫问婵娟伤绮罗。

在明代诗人孙蕡的《乌孙公主歌》中，那些汉家公主远嫁遥远乌孙的往事在诗句里惊醒过来。他们的远嫁让边境烽火平息，但自己远离了中原的山河家人，远离了故土与江南的草长莺飞。只剩那些在羌笛中的悠远歌声，述说着她们的坚韧、思念与伟大。

【公主远嫁】

在今天的敦煌市，有一处名叫敦煌"古董滩"的遗址，而关于这个遗址的由来，则和一则汉家公主和亲西域的传说有关。

传说在2000多年前一个平常的日子，位于汉帝国西部边陲的敦煌郡，天高日丽，广阔无垠的戈壁滩上，行进着一支汉朝送公主去乌孙和亲的庞大队伍。这是一场关乎帝国命运的政治联姻，整个帝国高度重视，帝国的统治者汉武帝为和亲公主准备了足足几十大车的丰厚的嫁妆，并派遣一位高级武官带领一百名士兵护送。当这支庞大的和亲队伍走到今天敦煌南湖古阳关附近的一片戈壁滩时，已近黄昏，天色暗了下来。一行人正考虑宿营的位置时，忽然间低沉的号角在荒凉的沙漠上响起。公主和她的护卫随从们惊诧地看到数百名头裹白巾、面涂黑泥的盗匪挥舞着寒刀嘶叫着从四面八方策马奔来。这是一场毫无胜算的战斗，帝国的一百名长途跋涉、水土不服的士兵在身强体壮、熟悉地形、人数众多的沙漠悍匪面前纷纷丧命。据说，这股悍匪抢到了大量的金银珠宝、绫罗绸缎，而那片抢劫的案发现场，便由无名的荒滩野地变成了现在敦煌的著名景点——古董滩。

多少年来，无数的人在这片荒滩上捡到了从古钱币、首饰、玉佩、酒具到古代兵器等古物。至于那股白巾黑面悍匪的来历，历来未有明确的说法。一种说法是当时这股悍匪是由当时西域的

第三章 乌孙烽火

一个小国的国王派遣的,张骞凿空西域的时候,西域已有三十六国,无数的小国家散落在西域土地上。其中一个小国的国主看到汉朝和乌孙和亲后,也向汉朝提出了和亲要求,汉帝国自然是拒绝了这位小国主的要求,主要的原因是帝国没有那么多公主可以远嫁荒凉的西域。小国主被拒绝后,自尊心自然受到了严重打击,他每天都琢磨着怎么去报复,无奈自身国小民弱,无法和如日中天的汉帝国正面冲突。但既然明的不行,那就来阴的,他打听到汉帝国前往乌孙和亲的队伍会经过阳关一带。于是,这位小国王便派遣了三百多名亲军,以白巾裹头,黑泥涂面,埋伏在阳关一带抢劫帝国的和亲队伍。据说,这伙强人抢到了大批金银财物,正欣喜若狂地准备打道回府时,天地间刮起了遮天蔽日的狂风,风力之大竟然把沙丘都吹到了天上,最后那些从天而降的沙丘将这股悍匪和他们抢劫到的和亲嫁妆都埋在了沙堆里,逐渐演变成了名叫"古董滩"的遗址。

在历史上,汉朝是执行与少数民族政权和亲政策最多的国家。许多汉家宗室女子,在最美好的年华里,为了国家和民族,选择去了她们从未去过的蛮荒之地,去一个语言与风俗迥异的远方,开启自己的婚姻生活。自刘邦白登之围开始,汉朝的和亲多是被迫的屈辱和亲。但汉朝主动和西域大国乌孙的和亲则是汉朝联络西域国家,斩断匈奴右臂的战略举措。

以细君、解忧为代表的汉家公主,用自己柔弱的双肩担起了维系西域大国乌孙与汉朝关系的重任,在汉朝与西域的历史上留下了荡气回肠的巾帼光影。

第一位远嫁乌孙的公主叫刘细君。她的父亲是江都王刘建,所以历史也称其为"江都公主",但是她的父亲在元狩二年谋反未成后自杀,她便成了罪臣的子女。

公元前138年,张骞等人出使西域后,汉武帝便想与西域大国乌孙联姻,一起攻打匈奴,斩断匈奴在西域的势力。

元封三年(公元前108年),乌孙王猎骄靡派使者送张骞回长安后,从使者口中得知了汉朝地大物博,实力远超匈奴。于是,他定下了亲汉的国策。匈奴知道后,企图攻击乌孙,猎骄靡很恐惧,主动派使者到长安献马,并表示愿娶汉朝公主,让两国结为亲家。

汉武帝想起了罪臣之女刘细君,便将她嫁给了乌孙王猎骄靡。

细君出嫁那一天,自知心中有愧的汉武帝刘彻"赐乘舆服御物,为备官属宦官侍御数百人,赠送甚盛"。穿着华丽的刘细君在文武官员和乐队及侍女等数百人的包围下,一步三回头地上了车辇。送亲队伍浩浩荡荡地向西进发,一路上锦旗蔽日,鼓乐喧天,场面十分壮观。在她看来,一切都是那么的猝不及防。虽然汉家天子告诉她自己的丈夫是遥远西域的国王,可她清楚,那都是自我安慰的借口。在车辇上,她默默地闭上了眼睛,不愿再多看一眼这繁华的长安城,任凭泪水落在衣襟之上,像盛开的江南

第三章 乌孙烽火

莲花,告别远去的故土。

但在刘细君嫁去乌孙后,匈奴也派女子嫁给猎骄靡。此时的猎骄靡两边都不敢得罪,便把匈奴公主封为左夫人,把汉朝的刘细君封为右夫人。在异域他国的细君公主,自己建造宫殿居住。因为语言不通,他和年老的乌孙王亦不能有效交流。在那个远离长安的异国,她常常悲伤作歌,"吾家嫁我兮天一方,远托异国兮乌王延。穹庐为室兮旃为墙,以肉为食兮酪为浆。居常土思兮心内伤,愿为黄鹄兮归故乡。"

不久后,她的丈夫乌孙王猎骄靡病逝了。按照乌孙的传统,她要嫁给她名义上的孙子,也就是猎骄靡的孙儿军须靡。对深受儒家文化浸染的细君来说,这无遗是无比荒唐的乱伦之举,但汉武帝为了继续维系和乌孙的关系,也只能写了封信给细君,让她遵守乌孙的习俗,最终,为了国家,她屈从了,她嫁给了军须靡,还为军须靡生下了一个女儿。但即便是女儿的到来,依旧没有消除她心中的思乡愁绪,后元二年(公元前87年),这位生长在江南水乡的娇艳芙蓉花凋谢在了西域荒凉的土地上。

细君公主香消玉殒后,汉武帝便将另一个罪臣的女儿刘解忧嫁到了乌孙国,以此继续维持汉朝与乌孙的关系。

刘解忧的祖父曾参与"七国之乱",后战败身亡。作为罪臣的后代,她又走上了和刘细君一样的道路。

与刘细君不一样,解忧公主没有因自己远嫁千里之外的异国而感到悲伤。相反，她还做了许多一个和亲公主分外的事。她不仅在生活上认真照顾翁归靡，还积极帮助他处理乌孙事务，协调乌孙和周边国家关系，将汉朝先进的文化和生产技术带入乌孙。在解忧的帮助下，乌孙国力蒸蒸日上。她广泛交好乌孙贵族，经常到民众间了解情况，赢得了乌孙各个阶层的拥戴，被称为"乌孙国母"。在解忧的外交努力下，不仅乌孙与汉朝的关系日渐深厚，西域各国都争先与汉朝交好，但这也遭到了匈奴的疯狂报复。

汉昭帝末年到汉宣帝初年的那段时间，匈奴联合车师向乌孙大举进攻，侵占了大片的乌孙土地，还要求乌孙将解忧公主交给他们。翁归靡不可能将解忧交给匈奴，于是带领大战后残存的乌孙兵马苦苦支撑。解忧呢，则慌忙给汉朝写了一封十万火急的求援信。

但当时汉宣帝刚刚即位，不想发动战争，因此救援乌孙的事便拖了下来。但好在乌孙国全体军民都支持解忧公主，他们齐心协力将匈奴人阻挡在了伊犁河谷外，暂时保全了乌孙。

【持节乌孙】

今天，人们提起汉朝建功西域的英雄，往往会想起"凿空西域"的张骞，北海牧羊的苏武，投笔从戎的班超，但说起曾经叱咤西域的传奇人物长罗侯常惠，许多人则感到陌生。

第三章 乌孙烽火

常惠曾是苏武的副手，在公元前100年，随同苏武出使匈奴，后因匈奴内乱，使团被扣留，面对匈奴人威逼利诱，常惠和苏武都坚贞不屈，恼羞成怒的匈奴人将苏武发配到了北海，也就是今天的贝加尔湖地区放羊。使团被扣留后，汉帝国一直通过外交途径多次派使者前往匈奴王庭，要求释放苏武一行。但匈奴单于每次都对汉帝国派来的使者说苏武一行已经死了。当时被扣押在匈奴营地的常惠请求关押他的匈奴人在晚上偷偷带他去见汉朝使者。毕竟相处了很多年，匈奴人答应了他的要求。使者见到一身匈奴装束的常惠，大为惊讶。而再次见到祖国的亲人，再次听到熟悉的乡音，在穷乡僻壤放了十几年牛羊的常惠也感动得涕泗纵横。他向使者详细述说了匈奴人扣留使团的情况，并给使者出了一条妙计。

第二天，使者又去见匈奴王。匈奴王一听又是为了苏武使团，便将苏武使团已死的说辞又讲了一遍。

汉家使者听完，却不慌不忙地从袖子里拿出了一小块白色的绢布，对匈奴王说，我们帝国的皇帝前不久在皇家园林打猎的时候，射下了一只北方飞来的大雁。没想到这大雁腿上裹着一块小绢布，上面写着当年被扣留的使团都还活着，苏武也在你们北海一带放羊。

使者说完，匈奴王心中大惊：苏武难道真给汉朝皇帝传信了？在查看了使者递上的绢布后，发现的确是匈奴人衣衫上扯下的布，便相信了这个略显离奇的故事，当天便释放了苏武使团。

常惠随使团回到了阔别多年的帝都长安，当年出使时帝国的统治者还是汉武帝，而今回来，帝国的主人已经变成了汉昭帝。十多年的异域坚守，苏武使团的事迹传遍了帝国的每一个角落，他们是探险者、开拓者，也是那个时代帝国气节的缔造者。百姓称赞他们，国家奖赏他们。常惠被封为光禄大夫，因为熟悉西域，他后来又成了帝国管理西域事务的主要外交家、活动家。

公元前72年，汉宣帝终于决定和乌孙联手攻打匈奴。

那一年，汉朝发兵十六万，分五路攻打匈奴。而作为外交家的常惠已经在战争开始前悄悄去了乌孙国，代表汉朝节制乌孙王提供的五万骑兵。

当时汉朝和乌孙制定的战略是汉军寻找匈奴主力决战，乌孙的五万大军负责在西面策应。但战争开始后，西进的十六万汉朝大军却在草原荒漠上遛了半天马，愣是没碰到一个匈奴人。实际上，当时匈奴单于知道汉朝派出十六万大军后，就选择了避而不战，向西撤退。却不曾想在西部草原上遛一圈的时候，碰上了本只是打酱油角色的乌孙骑兵。双方开战后，常惠仿佛卫青、李广、霍去病附体，指挥这支才接手几天的军队迅速冲向了匈奴人。一场昏天黑地的大战下来，匈奴惨败溃逃，给常惠和乌孙人留下了马、牛、驴、骡、骆驼五万余匹，羊六十余万只。第二年，匈奴王率领复仇大军前来雪耻，誓要为那些被杀掉的匈奴人和那些被吃掉的匈奴牛羊报仇。但当大军雄赳赳气昂昂地来到乌孙土地时，忽然天降大雪，将匈奴人的战马都活埋了，乌孙联合周围的几个西域国家，再次将匈奴人打得大败。匈奴人经此一役，从此一蹶不振，结束了它横行西域的历史。

史书曾如此记载这场大战：

秋，大发兵，令田广明将四万骑出西河，范朋友将三万骑出张掖，韩增将三万骑出云中，赵充国将三万骑出酒泉，田顺将三万骑出五原，约定诸路大军各出塞二千余里。又派常惠为校尉，携带皇帝符节督乌孙五万骑，共击匈奴。[1]

再次取得大胜的乌孙决定乘胜追击。乌孙王亲自率领骑兵五万，与校尉常惠一起从西方进入匈奴地区，攻至匈奴右谷蠡王王庭，俘虏单于父辈贵族及单于之嫂、公主、名王、犁污都尉、千长、骑将及以下共四万人，缴获马、牛、羊、驴、骆驼七十余万头。

但战胜匈奴回国的常惠却十分郁闷，原来那次战斗后，乌孙人笑纳了全部战利品。更为可气的是，有个乌孙人还趁乱偷了常惠的官印、绶带、节杖，丢了这些东西，是要被杀头的大罪，他怀着无比忐忑的心情回到了长安。

但常惠的担心多余了，去往长安请罪的他非但没有被降罪，还被封为了长罗侯。

---

[1] 司马光：《资治通鉴》，长沙：岳麓书社，2018年，卷二十四。

宣帝本始三年（公元前71年）那个萧瑟的秋天，已经封侯的常惠带着五百随从和丰厚的礼物前往乌孙，代表汉朝对上次合力攻打匈奴的乌孙君臣和贵族进行赏赐。

在封赏完乌孙君臣和贵族后，常惠在返回途中带领随行的五百随从，以及从乌孙借来的七千兵马，对西域小国龟兹发动了进攻。

至于常惠为何要进攻小国龟兹，则与赖丹被杀有关。

西域小国龟兹曾和楼兰国一起倒向匈奴，多次截杀汉朝西域使团，抢劫财物。在贰师将军李广利征伐大宛时，曾要求龟兹国释放被其扣为人质的邻国太子赖丹，并将其带回汉朝。后来，汉昭帝封赖丹为校尉，在轮台一带屯田，供给汉军和往来使团。在赖丹屯田规模越来越大时，龟兹贵族姑翼鼓动龟兹国王派军杀死了赖丹。事后，龟兹王又假惺惺地给汉朝皇帝上书请罪，当时汉朝忙于匈奴战事，一时间也没有顾得上惩罚龟兹王。

这大仇一直埋藏在许多汉朝人心中，这次常惠出使乌孙，本是一次简单而轻松的封赏任务，但初被封侯的常惠决定趁热打铁，在封赏结束后向乌孙借了七千兵马，加上自己从汉朝带来的五百随从，便兵发龟兹了。

所谓上兵伐谋，其次伐交，其次伐兵，其下攻城。不战而屈人之兵是一个军事家和外交家追求的最高理想境界。常惠决定攻伐龟兹时，并未想攻城略地，他的目标是在西域树立大汉的权威。因此，他发兵的主要诉求只是要龟兹国王道歉以及惩杀始作俑者姑翼。

为了壮大声势，常惠又从龟兹西边和东边的小国各借了两万兵马，近五万大军三路合围了龟兹。大军出发后，常慧便先遣使者到龟兹国问罪。当时，刚刚上任的新龟兹王叫绛宾，他听闻常惠率数万大军前来问罪，便急忙道歉认罪，第一时间将罪魁祸首姑翼绑到常惠军营。常惠在宣布姑翼罪状后，就将其在数万西域盟军面前就地正法。斩杀姑翼不仅报了赖丹之仇，也让西域各国充分认识到大汉王朝有仇必报的铁血作风。那以后，偷袭汉朝使团的事就愈发少了，大汉王朝与西方的贸易更加顺畅与安全。

常惠回到悬泉置的时候，除了一行人的意气风发，使团中还多了一位貌美的年轻女子。那是解忧公主的长女弟史，这次随常惠一道回长安学习汉家礼仪与中原文化。

弟史是一位兼具汉人与胡人特征的美人，举手投足之间都弥散着翩翩风情，一度成为西域各国未婚青年眼里的焦点。根据传说，这次常惠能不费吹灰之力就让年轻的龟兹王俯首称臣，除了常惠聚集了数万兵马外，还有一个情况就是当时新任龟兹王绛宾，一直对解忧公主的女儿弟史倾慕不已。绛宾曾派人到乌孙请求解忧公主将弟史下嫁于他，当时解忧没有答应，并将弟史交给常惠让他带回长安，学习汉家文化与礼仪。

数年后，弟史学成归来，在返回乌孙的途中，被痴痴等待他的绛宾直接扣留在了龟兹,并再次派人去向解忧公主求亲。解忧看到绛宾已经臣服于大汉,对弟史也是万般痴心,便答应了婚事。

【临危受命】

公元前64年,汉朝与匈奴就西域战略之地车师展开了激烈争夺。那一年,匈奴左大将率军将郑吉在西域的屯田部队包围在车师交河地区,汉军苦苦支撑,形势一度异常严峻。

实际上,早在天汉二年,汉朝就曾命令开陵侯率领西域属国兵马进攻车师。当时,匈奴派右贤王率数万骑兵救援车师,开陵侯陷入不利形势,便撤军了。后来,汉朝派遣重合侯马通率领的数万骑兵攻打匈奴的时候,故意从车师北边进军,隔绝车师与匈奴的联系,又派开陵侯率楼兰、尉犁等西域国家兵马围攻车师。这一次,车师王投降了汉朝,并臣服大汉。后来,车师王又反复无常,大汉也多次发兵征讨。

地节二年(公元前68年),大汉派侍郎郑吉带领囚徒在渠犁屯田,并想以此为基地进攻车师。那一年秋天,郑吉收获了大量粮食,有了充足的后勤保障。那是一个英雄辈出的年代,这位后来的大汉首任西域都护,毅然带领他手下的一千五百名屯田士兵和属国兵马万余人进攻车师,并一举攻破了车师王廷交河城。但郑吉没有抓住车师王,万余兵马很快将携带的粮食吃完了,郑吉

第三章 乌孙烽火

不得不率军退回了驻地,继续种地屯粮。

地节二年秋,屯了粮食的郑吉再次出兵车师。这次车师王急忙派人到匈奴国求救,但匈奴援兵却迟迟没有到来。望眼欲穿的车师王彻底绝望,准备投降郑吉。为了表达诚意,交上"投名状",车师王还举兵攻打依附于匈奴的一些小国,以此表示与匈奴的决裂。

匈奴单于得知车师王反叛后,第一时间火速发兵攻打车师。郑吉率军替车师挡住了匈奴大军,但车师王却因胆小逃到乌孙去了。郑吉将他妻子"传送车师王妻子诣长安,赏赐甚厚,每朝会四夷,常尊显以示之"。[1]

当时,匈奴认为车师地肥美,使汉得之,多田积谷,必害人国,不可不争也。于是,增兵继续围攻车师,郑吉和他的一千五百名屯田士兵就这样被匈奴重兵围困在了车师交河城,数次突围而不可得。

在这生死攸关的时刻,郑吉通过驿站上书,主张固守车师,使其成为进攻匈奴的重要前进基地。但汉帝国内部却产生了分歧,许多大臣认为,车师距离大汉太远,又临近匈奴,固守需要大量的兵力和后勤保障,主张弃守。经过激烈讨论,大汉帝国决定放弃车师,但也要派军将被围困的郑吉和他一千五百名屯田士兵救出。

---

[1] 班固:《汉书》,北京:中华书局,2012年,卷七十。

元康二年（公元前64年），汉朝张掖和酒泉的边军踏上了千里救援郑吉的征途。经过昼夜奔驰，千里跃进，汉朝救援大军到达车师前线。匈奴军队见汉军势大，远遁而去了。

郑吉和他的屯田士兵顺利退到了渠犁，继续屯田。

神爵二年（公元前60年），长罗侯常惠出任专门处理国家外交事务的典属国之职，护送相夫公主前往乌孙和亲。

史书记载，常惠护送相夫公主到达敦煌时，乌孙昆弥[1]翁归靡去世了。而乌孙贵族却违背了立元贵靡为王的承诺，将泥靡立为昆弥，被称为狂王。

面对这突然的变故，常惠只能将公主留在敦煌，自己先前往乌孙打探消息，了解情况。但乌孙的变故传到汉朝后，大臣萧望之认为乌孙贵族反复无常，很难结盟，希望把相夫公主迎回来。汉宣帝采纳了萧望之的建议，将相夫公主接回了长安。

而作为解忧公主的好朋友，常惠在翁归靡去世后，便日夜担心解忧公主的处境。按照乌孙习俗，老一辈匈奴王死后，他的妻妾自然就由新一任的乌孙王继承，这在深受儒家文化影响的汉朝人看来，是有违人伦的制度。但解忧公主为了维系汉朝和乌孙的关系，也只能服从安排，以五十多岁的高龄嫁给了狂王泥靡。

甘露元年（公元前53年），汉朝派卫司马魏和意与副侯任昌出使乌孙，试图继续维系汉乌之间已经出现裂缝的关系。魏和意

---

[1]昆弥：一译昆莫，古代中国西域乌孙首领的称谓。

第三章 乌孙烽火

与任昌到达乌孙后,解忧公主要求两位使者与她一起杀掉狂王泥靡。然而由于谋划不周全,不仅没能杀掉狂王,还让狂王的儿子发兵包围了解忧公主驻地赤古城数月。

汉朝对解忧公主私自袭杀狂王的举动大为光火,不仅将魏和意与任昌两位使者绑去长安斩首,还派车骑将军张翁前往乌孙调查情况。张翁到乌孙后,不仅安慰狂王,还严厉斥责了解忧公主杀夫弑君的做法。汉朝大义灭亲如此做也实属无奈之举,只不过想以此来继续维持已经摇摇欲坠的汉乌关系。

但就在张翁处理狂王和解忧公主事件时,乌孙又发生了大事,而且这件事的严重程度远远超过了解忧谋杀狂王事件。

原来在解忧和狂王斗得不可开交时,前乌孙王翁归靡的二儿子乌就屠跳出来称王了。乌就屠的母亲是匈奴人,因此,他宣布成为新乌孙王时,还称匈奴的增援大军很快就会到达乌孙。当时,乌孙国内已经乱成一锅粥。看到能力比储君元贵靡强许多的乌就屠宣布成为新王,大多数乌孙人心里希望他能收拾乱局。但解忧在乌孙几十年积攒下来的人脉加上身后强大汉朝势力,也赢得了许多乌孙人的支持。在这样的情况下,乌孙分裂为两派。

乌就屠干脆一不做二不休,他派人杀了狂王,并准备引匈奴兵进入乌孙,一统乌孙。汉朝听到消息后,立即派破羌将军辛武贤出兵敦煌,弹压乌孙事变。但辛武贤的大军还行军到敦煌时,乌孙事件最后在解忧公主侍女冯嫽的调解下得到了转机。双方各退一步，解忧的儿子元贵靡出任大昆弥，乌就屠出任小昆弥。汉朝也派出使者给他们颁发了印绶，使乌孙完全成了汉朝在西域的属国。但小昆弥时常凭借实力欺负大昆弥，双方也常常因边界归属发生冲突。

甘露二年（公元前52年），常惠带着数千兵马前去调节乌孙分治后大小昆弥之间为边界屡屡冲突的矛盾。史书记载了调解的结果，"汉复遣长罗侯惠将三校屯赤谷，因为分别其人民地界，大昆弥户六万余，小昆弥户四万余"。[1]

常惠知道小昆弥不会甘居人下，于是他率领带来的数千兵马驻扎在赤谷城北面的楚河，一边屯田，一边监视小昆弥。

甘露三年，大昆弥元贵靡染病去世，这不仅给解忧公主以极大的打击，也深深打击了常惠。他和解忧都已经年老，他们一起深耕几十年的汉乌关系，现在随着大昆弥元贵靡的去世，又平添了许多变数。好在那一年，汉朝对匈奴的战争取得了重大胜利，走投无路的呼韩邪单于亲自到长安觐见，汉宣帝实现了他先辈未曾实现的征服匈奴的伟大功绩。对于乌孙，他倒也不怎么放在心上了。同时常惠也结束了他在西域的使命，护送解忧公主回到大汉长安后，被提升为右将军，于汉元帝即位三年后，卒于长安，死后被加封谥号"壮武侯"。

---

[1] 班固：《汉书》，北京：中华书局，2012年，卷九十六上。

丝路风云
SILU
FENGYUN

第四章

羌地风云

西汉与羌人的百年纷争

第四章 羌地风云

今天,在我国西部的甘肃,有一地域被称为河西走廊。当年,这片土地上生活着一个古老的民族——羌族。

《诗经》中的"昔有成汤,自彼氐羌,莫敢不来享,莫敢不来王"记述表明,早在商汤时期,羌人就已经存在。到了战国时期,秦朝西边的有一个实力不凡的大国——义渠国,据传就是由羌人建立。义渠国与秦朝时战时和,相处了近200年。后来,随着秦国的日益强大,羌人被迫迁徙,大部分进入了河西地区。汉朝建立后,河西走廊的羌人曾被匈奴征服,霍去病夺取河西后,羌人归顺汉朝,但匈奴一直没有放弃联合羌人合击汉朝的图谋。此时,羌人也对汉朝在羌人地区进行移民与实行郡县制颇为不满。汉景帝时,羌人不断反抗汉朝,双方进行了旷日持久的战争。据史书记载,西汉到王莽时期,西宁河流域的羌人与汉朝发生了至少五次以上的战争。

饮马长城窟,水寒伤马骨。战火烽烟带来了伤痛与离别,但两个民族也正是在这些悲壮的战争中,融合在了一起,成为中华民族不可分割的一部分。

【李广难封】

嗟乎，时运不济，命运多舛，冯唐易老，李广难封。

这是唐代大诗人王勃在名篇《岳阳楼记》中的名句。在文章中，王勃将汉朝飞将军李广没有封侯的原因归结为"时运不济"，这也成为千百年来许多人对李广未封侯的理解。

历史上的李广，一生都将封侯作为自己的人生目标。但几十年的戎马生涯下来，自己的部将甚至是儿子都封侯了，他还顶着花白的头发奔驰在封侯的路上。

想当初，李广和他的堂弟李蔡在文帝时一起进入宫廷，在景帝时，李蔡已经成为两千石的高官，后来还担任过相国和丞相，位列三公，被封乐安侯。而反观李广，却只做到了郎中，差距巨大。更令李广尴尬的是，当初随他一起征战的许多下属，甚至他的儿子都被封侯了。

时间长了，李广也相信是自己时运不济了。为此，他专门去找了当时有名的阴阳家王朔询问原因。

李广见到王朔就抱怨道：这些年来，我全程参加了汉朝对匈奴的战争，我队伍里许多下级军官都因为战功而封侯了，我李广的才能不比别人差，为什么却迟迟不能封侯呢？难道是我的命运注定我就不能封侯吗？

王朔反问李广：将军自己回想一下，自己是否在军旅生涯中

第四章 羌地风云

做过什么不得当的事？

李广想了半天，说道：我曾经在陇西做太守时，羌人部落反叛，我率军平叛，用计诱降了八百多羌人，但我却违背诺言杀了他们，这是我目前为止最为遗憾的一件事啊。

王朔这时候告诉他：天下没有比杀掉投降的人更会招致灾祸的事了，这就是将军不能封侯的原因啊。

李广听了王朔的解释，心里也坦然了许多。但一生磊落的李广为何要做出杀降这种令人不齿的事呢？这还得从当时羌族和汉朝的关系说起。

秦朝时，朝廷制定了保护羌人的政策，使得羌族人口得到了很大发展。汉朝初期，陇西地区已经成为羌人非常集中的地区。在匈奴兴盛那几年，曾借着征服大月氏的契机，征服了西羌。后来，霍去病发动河西之战后，汉朝隔断了羌人和匈奴的联系。这时候的羌人以部落的形式散落在广袤的河西大地上，没有形成统一的领导。而且，除了先零等大部落外，其他小部落对汉朝的威胁很小，并且各个部落之间也经常内斗，但匈奴一直想将分散的羌人部落联合起来，共同攻打汉朝。在李广担任陇西太守期间，汉朝开始通过移民和设置郡县的办法，弱化羌人的实力，这也激起了羌人的反抗。李广作为陇西太守，他率军平叛，由于羌人部落太过于分散，他不得不采用杀一儆百的方式来震慑其他反叛和尚未反叛的羌人部落。但古人一直认为杀降不吉，这不仅成为李广一生的污点和心病，也导致了这位名满天下的飞将军一生未能封侯。

【收复西宁河】

在今天的甘肃省会兰州（古称金城），有一座很有名的文化公园——金城公园。在这座公园中，有一座汉代大将李息的巨大雕塑。

据记载，汉武帝时期，霍去病西征时，大将军李息在今天兰州西固地区修建了一座大型军事要塞，并将这座军事要塞命名为金城。关于金城二字，有说法是当年在筑城的时候，挖到了黄金，故取名金城。另一种说法是，当年这座军事城堡有"金城汤池"的寓意，故名。但不论是哪种说法，在今天看来已经不重要。今天的兰州人记住的是当年筑起这座坚城的李息，为此，在这座以金城命名的公园里，伫立着这位当年叱咤西域的大将军的雕像。

史书对李息记载很粗略，甚至连生卒年都未能记载下来，只知道他是今天甘肃庆城县人，汉景帝时便已从军。在汉武帝时期，李息被封为材官将军，同御史大夫韩安国参加了著名的马邑之围。元朔二年，李息和卫青一起出征匈奴，一举攻下河南地，设置朔方郡。元朔五年，李息与张次公领兵出击右北平，大胜，李息被封为关内侯。元鼎五年（公元前112年），经过长期的外交,匈奴终于实现了他们联合羌人共同攻打汉朝的战略。那一年,在匈奴人的协调下,河西羌人各个部落首次实现了大联合,组建了十万人的军队,攻安固,困枹罕,而匈奴也趁机攻占五原地区,一时间汉帝国朝野震动,准备发动一场大的军事行动,粉碎这次羌人叛乱。

第二年,汉帝国筹建张掖与敦煌郡作为后勤基地,并派李息和郎中令徐自为集结陇西、天水、安定以及河南地、河内十万大军,征讨河西叛乱羌人。在李息的打击下,刚刚结成联盟的羌人军队不堪一击,纷纷溃逃。汉朝不仅收复了失地,还将整个西宁河流域收入囊中。羌人联盟也在汉军的打击下分崩离析,羌人一部分西迁,一部分归顺了汉朝。

战争结束后,汉朝在枹罕首次设置护羌校尉,派李息持节符镇守羌人地区。

在史书中,对护羌校尉的职能有如此记载:"皆持节领护,理其怨结,岁时循行,问所疾苦。又数遣使译通动静,使塞外羌夷为吏耳目,州郡因此可得警备。"通过记载,我们可以看出汉朝对羌人的管理主要是通过护羌校尉。从实际情况看,护羌校尉除了代表汉朝处理羌人之间的纠纷外,还有监视羌人,隔绝羌人与匈奴联系的责任。

同时,对归顺的羌人,汉朝进行了人口登记造册,并设置了归义羌侯帮助护羌校尉进行管理。

但令人奇怪的是，这次汉羌战争后，史料中便再也找不到关于关内侯李息的记录了。这位叱咤风云，建立了今天兰州城的大将，就这样消失在历史长河中，只剩下金城公园那座巨大的雕像，任凭风吹雨打。

【罢兵屯田】

在第二次汉羌之战结束后，汉朝为了更加有效地控制河西地区，采取了一系列政策。一方面是设置了张掖属国、金城郡等行政机构，强化对该地区的管理；另一方面是大规模向河西地区移民，并将新移民安置在北岸，将西宁河南岸划定为游牧区，作为原有羌人安置区，严禁羌人到北岸放牧。

羌人一直认为这是汉朝对他们的盘剥与欺凌，因此心中颇有怨言。而远在北方的匈奴，自第二次汉羌之战后，也一直没有放弃继续联络羌人合击汉朝的战略。从征和四年开始，匈奴就一直派人到羌人地区进行联络与策反工作，但因为汉朝建立了完备的羌人管理制度，因此，匈奴的策反工作一直收效甚微。

打破这一僵局的恰恰是汉朝自己。汉宣帝即位后，为了表示对羌人的重视，派光禄大夫义渠安国到羌人地区巡查，羌人趁机向他提出了希望到西宁河北岸汉人未耕作地区放牧的要求。义渠安国竟然自作主张答应了。这一决定导致了大批羌人进入西宁河

第四章 羌地风云

以北,与当地的农耕移民不断冲突摩擦,双方矛盾迅速升级,一场大战已经在所难免。

这时候,一个非常熟悉羌人的将领赵充国走到了历史前台。

史书记载,赵充国是今天甘肃天水人,在汉武帝时期,他曾随李广利出击匈奴,在李广利被围时,曾率敢死队帮助李广利杀出重围,被封为中郎。后来又任过车骑将军长史、大将军都尉、中郎将、水衡都尉、后将军等职。在汉宣帝即位后,他被封为营平侯。他非常熟悉羌人事务,因此,汉宣帝在得到了羌人准备反叛的消息后,赵充国就成了处理这一事件的不二人选。

赵充国向汉宣帝建议,一方面派出使者到河西羌人聚居区进行巡查抚慰,一方面公开在河西地区大量购入军粮,并派酒泉太守辛武贤震慑河西。但这次汉朝又犯了一个用人上的巨大错误,汉宣帝竟然让上次私自答应羌人到西宁河北岸放牧的义渠安国再次挂职,成了新的巡视抚慰专员。义渠安国本身也是少数民族,因此在处理羌人事务时,多站在他们角度考虑,但他没想到自己的一片好心,竟导致了羌人将要反叛的结果。因而,他再次巡视羌人地区时,异常生气,他将有谋反倾向的先零等部落的首领召集起来,杀掉了其中大部分人,并发兵先零部落,又杀了他们近千民众。

这下,仗不打已经不行了。先零部落率先反叛了,一大众羌人部落也跟着反了。

义渠安国看到羌人反了后，急忙躲到令居去了。面对义渠安国丢下的烂摊子，赵充国只能以七十多岁的高龄带兵出征平叛。

赵充国率军到达金城郡后，趁夜偷渡黄河，到达西部都尉府，开始着手瓦解分化羌人联盟。

为了尽快平定羌人叛乱，汉朝命令赵充国率军攻打先零部落，又派破羌将军辛武贤和强弩将军许延寿率军支援。

先零部落与赵充国交手几次后，纷纷溃逃，但占尽优势的赵充国并未赶尽杀绝。作为最了解羌人事务的汉朝将领，他知道要真正平定羌人地区叛乱，靠强硬的军事远远达不到目的。因此，他面对朝廷不断催促进军的命令，仍坚持给皇帝上书陈述招降羌人，罢兵屯田的利害关系。其最主要的观点是，撤出耗费巨大的骑兵，留下步兵屯田御敌。

但他身后率领数万兵马枕戈待旦的破羌将军辛武贤和强弩将军许延寿，对一仗不打就收兵回营的做法颇有微词。尤其是辛武贤，他顶着破羌将军的头衔，反叛的羌人近在眼前却不能攻打，肯定心中愤懑，也上书向朝廷建议军事平叛。朝廷权衡再三后，做出了先军事平叛，再屯田的决定。

因为准备充分，赵充国和辛武贤的平叛大军都进军顺利，斩获颇丰，顺利平定了这场叛乱，赵充国的屯田计划也顺利得以实施。

神爵二年，平定了羌人叛乱的赵充国回到了长安，被他放了一条生路的先零部落首领杨玉等人，却被其他部落所杀。汉朝在羌人地区实行郡县制，建立了金城属国，进一步强化了管理。

而坚持以怀柔政策平定羌人叛乱的赵充国，一回朝又投入到打击匈奴的战争中去了。这位老当益壮的将军最后活了86岁，于甘露二年（公元前52年）去世。在去世前，他一直都是汉朝处理少数民族事务的核心顾问，因其卓越功勋，入选"麒麟阁十一功臣"。

【平定七羌】

汉元帝永光二年（公元前42年）七月，汉朝陇西郡羌人举兵反叛汉朝。

陇西羌人反叛后，右将军冯奉世主动请缨出战："羌虏近在境内背叛，不以时诛，亡以威制远蛮。臣愿帅师讨之。"[1]

但当汉元帝问他需要多少兵马平叛时，这位将军提出要四万人，并承诺一月平定叛乱。当时正值夏收时节，朝廷也不能过多地征调兵马。经过商议，只能给冯奉世调派一万兵马。但冯奉世认为，如果出征的兵马过少，会让反叛的羌人轻视汉军，更会肆无忌惮地发动进攻，而那些观望的部落也会加入反叛的行列。因而，冯奉世坚持要更多的兵马。最后经过讨价还价，朝廷给他增加了两千人。

---

[1] 班固：《汉书》，北京：中华书局，2012年，卷七十九。

最后，冯奉世只能带着这一万二千兵马平叛去了。

到达陇西郡后，冯奉世将军队分为三部分：典属国任立为右军，屯兵白石；护军都尉韩昌为前军，屯兵临洮。冯奉世自为中军，屯兵首阳县西极山上。但是，本来兵马就少，分兵后，汉军被人数占绝对优势的羌兵击溃，两个校尉被杀。一筹莫展的冯奉世只得再上书朝廷，希望增派三万六千兵马。

汉元帝这次着实大方了一回，冯奉世上书提出要三万多兵马，汉元帝一口气给他增派了六万人，还派了太常弋阳侯任千秋为奋武将军，前往协助他。冯奉世表示自己只要兵马，不需要朝廷再派大将了。当然，汉元帝对冯奉世拒绝自己派遣将军前去的做法有些生气，加上对他前期打的败仗依旧耿耿于怀，给他调拨兵马的同时，也写了封信责备他：

皇帝问将兵右将军，甚苦暴露。羌虏侵边境，杀吏民，甚逆天道，故遣将军帅士大夫行天诛。以将军材质之美，奋精兵，诛不轨，百下百全之道也。今乃有畔敌之名，大为中国羞。以昔不闲习之故邪？以恩厚未洽，信约不明也？朕甚怪之。上书言羌虏依深山，多径道，不得不多分部遮要害，须得后发营士，足以决事，部署已定，势不可复置大将，闻之。前为将军兵少，不足自守，故发近所骑，日夜诣，非为击也。今发三辅、河东、弘农越骑、迹射、佽飞、彀者、羽林孤儿及呼速累、嗕种，方急遣。且兵，凶器也，必有成败者，患策不豫定，料敌不审也，故复遣奋武将军。兵法曰大将军出必有偏裨，所以扬威武，参计策，将军又何疑焉？夫爱吏士，得众心，举而无悔，禽敌必全，将军之职也。若乃转输之费，则有司存，将军勿忧。须奋武将军兵到，合击羌虏。[1]

收到信的冯奉世自然羞愧，只得同意与任千秋一起合力攻打羌人。那年十月，援兵到达，数万大军向反叛羌人展开了进攻，羌兵大败，余部纷纷逃散。

汉元帝命令征伐大军一边剿除余乱，一边让士兵屯田守备。这一仗，冯奉世斩首俘虏八千余人，夺取羌人牛马羊数以万计。虽然是靠优势兵力碾压取胜，汉元帝还是赐封冯奉世为关内侯。而参与反叛的七个羌人部落，遭到了更加严格的管控，史称"自羌降之后数十年，西夷宾服，边塞无事"。

【回望西海郡】

在今天青海湖的东北侧30公里处，有一名为西海郡的古城遗迹。它紧靠烟波浩荡的青海湖畔。湟水从这座古城的东南方缓缓流过，在广袤的西宁地区冲刷出一片肥沃的土地。时光回到两千年前的西汉末年，时任大司马的王莽，派中郎将平宪，利用重金引诱的方式，使在青海湖边游牧的卑禾羌首领带着部落一万两千

---

[1] 班固：《汉书》，北京：中华书局，2012年，卷七十九。

多人迁出了青海湖地区。

班固在《汉书》中对这段历史进行详细记载：

莽既致太平，北化匈奴，东致海外，南怀黄支，唯西方未有加。乃遣中郎将平宪等多持金币诱塞外羌，使献地，愿内属。宪等奏言：

羌豪良愿等种，人口可万二千人，愿为内臣，献鲜水海、允谷盐池，平地美草皆予汉民，自居险阻处为藩蔽。问良愿降意，对曰：太皇太后圣明，安汉公至仁，天下太平，五谷成熟，或禾长丈余，或一粟三米，或不种自生，或茧不蚕自成，甘露从天下，醴泉自地出，凤皇来仪，神爵降集。从四岁以来，羌人无所疾苦，故思乐内属。宜以时处业，置属国领护。[1]

在诱使羌人搬出青海湖后，王莽在青海湖边设置了西海郡，辖修远、监羌、兴武、罕虏、顺砾五县，还沿青海湖分设驿站及烽火台。为了强化对该地的控制，王莽还将西海郡作为犯人流放地，犯者徙之西海，徙者以千万数。王莽称帝后，派人到各郡县收回汉室印，颁新印。当年十月，西海郡也移归新政权管辖。王莽居摄元年，当年被金钱诱惑搬迁出青海湖地区的羌人，在首领庞恬、傅幡等带领下，举兵围攻西海郡，准备夺回旧地。当时的西海郡太守是程永，面对围城的羌人，他选择了弃城逃跑，后被王莽抓住处死了。第二年，王莽派护羌校尉窦况率军平叛，窦况

---

[1] 班固：《汉书》，北京：中华书局，2012年，卷九十九上。

不负所望，很快就收复了西海郡，他也被王莽封为震羌侯。

但是，王莽政权崩溃后，西海郡也随之消亡了，羌人再次回到了美丽的青海湖边牧马放羊，而湖边那座宏伟的西海郡城，则在时光的摩挲下逐渐苍老下去。想当年，王莽建立起西海郡时候，加上东海郡徐州、南海郡番禺、北海郡青州，汉朝有了"四海一统，四海归一"的盛世景象。虽然西海郡只存在了很短的时间，但西海郡的设置让汉朝的有效管控疆域扩大到了青海湖，大批囚徒移民戍边，也促进了当地经济的发展和各民族间的交流，有着积极意义。

丝路风云
SILU
FENGYUN

第五章

郅支围城

明犯强汉者,虽远必诛

第五章 郅支围城

那是个英雄辈出的时代,无数汉家男儿奔赴西域建功立业。陈汤与甘延寿用一句"明犯强汉者,虽远必诛",在历史的尘埃中留下了浓墨重彩的传奇。而他们发动的那场千里远征,则深远影响了整个欧亚大陆文明的进程。直到今天,读到他们的故事,依旧令我们热血沸腾。

【单于遁逃】

本始二年,汉朝派出十万大军与乌孙的五万大军一起合力攻打匈奴,这一场仗打下来后,匈奴损失惨重。第二年,壶衍鞮单于在领兵攻打乌孙的复仇过程中,又遇到了大雪灾,史书记载,其"人民死者什三,畜产什五","诸国羁属者皆瓦解,攻盗不能理",从那以后,匈奴这匹曾经驰骋草原的草原苍狼,失去了往日的雄风,走上了日渐衰落的道路。

面对内忧外患,壶衍鞮单于无力回天,在忧愤中一命归天了,虚闾权渠单于成为匈奴新的首领。但这位新的单于刚即位,又遇上了大饥荒,人口和牲畜又死了十之六七,加上周围其他少数民族部落的不时侵扰和内部贵族的争斗,没过几年,虚闾权渠单于也忧虑而死了。他死后,握衍朐鞮单于继承了单于位,积极与汉朝修复关系，提出和亲。对内，他将虚闾权渠单于当权时的贵族全部杀掉，又将虚闾权渠的子弟近亲全部免职，并任用颛渠阏氏的弟弟都隆奇，安置自己的子弟亲故充任要职。

当时，虚闾权渠单于之子稽侯珊，不仅没有继承老爹的单于位，还有被杀掉的危险。在这样的情况下，他偷偷跑去投奔了老丈人乌禅幕。不久，匈奴姑夕王与乌禅幕一起联合东部贵族拥戴稽侯珊成为新单于，被称为呼韩邪单于。稽侯珊自立后，起兵四五万人进攻握衍朐鞮单于。握衍朐鞮单于在交战中失败，派人向其弟右贤王求救，但被右贤王拒绝了。握衍朐鞮单于在绝望中自杀，他的土地和部众也尽归呼韩邪单于。

呼韩邪单于即位后，匈奴内部贵族间的争斗并未停止，匈奴有实力的贵族纷纷自立为单于。薄胥堂自立为屠耆单于，呼揭王自立为呼揭单于，右奥鞬王自立为车犁单于，乌藉都尉自立为乌藉单于。这五位单于互相争斗，乌藉、呼揭、车犁单于先后失败，屠耆单于与呼韩邪单于的在五凤二年进行了大决战，屠耆单于兵败自杀，但呼韩邪单于的实力也遭到了极大削弱，许多部将与民众投奔了汉朝。之后不久，屠耆单于的从弟休旬王又自立为闰振单于，呼韩邪单于的兄长呼屠吾斯也自立为郅支骨都侯单于。实力强大的郅支单于先后打败了闰振单于和呼韩邪单于，占领了单于庭，实力大增，但呼韩邪单于依旧是其最大的威胁。

为了取得汉朝的支持，呼韩邪先后两次到汉朝觐见大汉皇帝，以求援兵。郅支单于也慌忙"遣子入侍汉廷"作人质，以图获得汉朝支持。两大单于争先献媚，汉朝取得了对匈奴的绝对优势。汉朝虽然倾向于支持呼韩邪单于，但又怕帮呼韩邪单于打败郅支单于后，呼韩邪一家坐大。因此，采取了"均待之优厚"的平衡战略。在呼韩邪率部众归附汉朝后，郅支单于派兵侵吞了他的地盘，后来汉朝派兵帮呼韩邪收复了失地。这导致了郅支单于的强烈不满，他认为汉朝已经完全抛弃了自己，全力支持呼韩邪单于了。

于是，郅支单于"怨汉拥护呼韩邪而不助己"，遂"困辱汉使"。索性向西域进兵，击败西域大国乌孙，建都坚昆。但他又派人到汉朝希望汉朝能把作为人质的儿子送回去。汉朝此时还想继续和郅支单于保持良好关系，因此答应了他送还质子的要求。并且为了表示重视，汉朝派卫司马谷吉护送。本来朝廷只让谷吉护送到塞外便可，但谷吉认为，只有亲自将郅支单于的儿子送到他手上，才能表达出汉朝依旧愿与其交好的诚意。他在给皇帝的信中表示，如果仅将质子送出塞外，会导致郅支单于"弃前恩、立后怨"，给对方留下不归附的借口。

汉元帝答应了谷吉的请求，但正如许多朝廷大臣预计的一样，谷吉一到单于庭就被郅支杀害了。

俗话说两国相争，不斩来使。汉朝派重臣千里迢迢送还儿子，郅支竟然恩将仇报，背信弃义杀掉了大汉使臣，这就等于和汉朝结下了滔天巨仇。

冷静下来的郅支单于也知道自己闯下了大祸。初元五年（公元前44年），郅支单于为了躲避汉朝的报复，带着部众一溜烟跑了，这一跑就跑到了西边的康居国。

康居是中亚大国，汉书记载，"康居国，王冬治乐越匿地。到卑阗城，去长安万二千三百里，不属都护。至越匿地马行七日，至王夏所居蕃内九千一百四里。户十二万，口六十万，胜兵十二万人。东至都护治所五千五百五十里，与大月氏同俗，东羁事匈奴。"[1]

实际上，在黄龙元年（公元前49年）前，康居与汉朝还保持着友好关系。

现在，我们已经无法了解这个曾与汉朝有着良好外交关系的西域大国，为何与郅支单于迅速打成一片。一种可信的说法是康居王想借助郅支单于雄厚的军事力量，实现他称霸西域的野心，但后来的历史表明，康居王此举是完完全全的引狼入室。

为了笼络郅支单于，康居王不仅收留了郅支单于，还将自己的女儿嫁给了郅支单于。郅支单于也把自己女儿送给了康居王，双方正式结成姻亲联盟。康居王还把赖水河畔的肥沃土地给了郅支单于部，使其成为康居东大门的守护者。郅支单于在康居立下足后，一开始就如康居王设想的一样，成为康居横行西域的打手

---

[1] 班固：《汉书》，北京：中华书局，2012年，卷九十六上。

和雇佣军。郅支单于首先将矛头对准了宿敌乌孙,实际上,匈奴衰落到如此境地就是源于那场和乌孙的战争,因而匈奴军队在攻打乌孙的时候,可谓是铆足了劲。匈奴人多次攻占乌孙城池,一度攻进了乌孙首都赤谷城,对乌孙人进行大屠杀和大劫掠。对乌孙的战争胜利,使郅支单于的信心重新又拾了起来,匈奴军队也日益骄横,不仅横行西域,连收留他们的主子康居都不放在眼里了。后来,郅支单于更是杀了康居公主和她的几百仆人,彻底控制了康居。他对康居人进行残酷的搜刮和高压统治,强征大量的康居人给他修建郅支城,并要求其他西域国家向其进贡,成为危害西域和截断丝绸之路商道的毒瘤。

在郅支单于逃到康居后,汉朝曾数次派使者到郅支城想将谷吉等人的尸首带回去,但每次都遭到了郅支单于的拒绝和羞辱。他还阴阳怪气地对汉朝使者说:我在康居住得不舒服,想去汉朝居住啊。

郅支敢于如此叫板汉朝,一方面是因为他在对乌孙的战争中打出了辉煌战绩,威震西域。另一方面,是他鸠占鹊巢,控制了西域大国康居,而康居与汉朝相隔万里之遥,汉朝劳师远征的概率相当小。

但他忘记了,当年平庸的李广利尚能万里远征大宛,如今汉朝在西域已经经营多年,根基更厚,为何不能再万里远征呢?

【陈汤建功】

汉朝经营西域那些年,是一个英雄辈出的年代。郅支单于正在康居横征暴敛,并断定汉朝不敢劳师远征的时候,一代名将陈汤出场了。

史载,陈汤少时好学,博学多才,能写一手好文章。但因家庭贫困,他常常向别人借债,债台高筑的他常被人鄙视。他没有霍去病、李广利那样的贵族身份,也缺少李广那样的军人世家后盾。因此,他知道自己要出人头地就必须依靠自己的奋力拼搏与不懈努力。

初元二年(公元前47年),到长安求官的陈汤被富平侯张勃推荐为茂才,正式开启他建功立业的漫漫征途。在陈汤正准备大展拳脚的时候,他的父亲忽然去世了。按照汉朝的惯例与道德标准,这种情况下他必须回家守孝。但对于好不容易得到一官半职的陈汤来说,放弃这次机会,他可能就再也无缘官场了,他建功立业的抱负与雄心也会付诸东流。他想起了少年时所受过的屈辱,想起了离开家乡时候自己许下必须建功立业的诺言。因此,纵然有丧父之痛,他依旧没有选择回家奔丧。在那个以孝治天下的年代,陈汤的做法遭到时人的举报,最终他吃了官司,还遭了牢狱之灾,后来才被人保举出来。

经历如此坎坷变故的陈汤,丝毫没有放弃他的建功立业的雄心。俗话说,是金子在哪都会发光。因为陈汤确实有才,出狱后,他又被推荐为郎官。在那个人才主要靠推荐的年代,没关系、没背景的陈汤深知,要实现自己的抱负,只有到边疆去建功立业。因而,陈汤多次主动请缨到汉朝最边远的边疆服务。

建昭三年(公元前36年),陈汤终于迎来了机会。那一年,他被任命为西域都护府副校尉,作为西域都护甘延寿的副手出使西域。

从长安出发那天,陈汤看到心中的理想终于触手可及了。卫青、霍去病、李广,那些伟大的将军仿佛站在了他的眼前,指引着他向封侯拜将的广袤西域走去。

在前往西域都护府的路上,陈汤每过山川城邑,都要登高望远,以察地形,思考进攻与防御之计。

到达西域都护府后,陈汤得知郅支单于常常对西域各国进行欺压勒索。陈汤知道,现在西域各国对汉朝对郅支单于暴行不管不问的行径,已经怨声载道,颇有微词。长此以往,汉朝长期在西域建立起来的威望就会被郅支打碎,西域都护府也将在西域丧失基础,无立足之地。

作为西域都护府的一员,陈汤为此十分忧心,并在心中暗暗下定决心:对郅支单于之战宜早不宜迟,与其养虎为患,不如先发制人。

他将想法告诉都护甘延寿,并建议都护府趁郅支城尚未建立强大武备，发动西域屯田士兵和西域各国骑士一起进攻郅支单于，还特意指出这将是一件成就千秋功业的大好机会。

都护甘延寿是个十分保守的人，他坚决执行汉朝的西域政策。虽然他也认同陈汤的想法，也认为陈汤提出的军事行动有很大的可行性，但他也清楚自己虽是西域都护府的长官，却没有私自出兵的权利。因而，他对陈汤的回复是将计划上报朝廷，等朝廷的回复。

陈汤知道，朝廷中有许多反对战争的大臣，一旦将计划上报，必定是拖延时日的讨论和不可知的结果。因此，陈汤建议甘延寿先斩后奏，老成持重的甘延寿不敢答应。他已经是西域都护，没有陈汤那样急切建立奇功的心态，一旦军事行动失败，作为西域都护府的长官，他是被追责的首要对象。

陈汤正无计可施的时候，甘延寿却突然生病了，陈汤暂时代替甘延寿处理西域都护府一切事务。这对陈汤来说，简直是上天将建立不世奇功的机会摆在了他的眼前。他利用代都护的职权，假传圣旨，征调汉朝在车师的驻军准备远征，还要求西域各属国发兵相助。

但在大军云集，准备出征之际，得到消息的甘延寿急忙从病床上跑下来要阻止这次行动，但对于陈汤来说，他已经没有任何退路了。此时的他和当年破釜沉舟的项羽以及背水一战的韩信一样，已经无路可退。他一旦放弃，就会立马被以假传圣旨的罪名逮捕，这个罪名很大，很有可能他的主管长官甘延寿也会被牵连。他唯有胜利，唯有将郅支城攻破，将郅支单于的头和自己的自首书一并给皇帝交上去才能活命，弄不好还有拜将封侯的意外收获。

当陈汤看到甘延寿出来阻止后，手按宝剑，厉声警告甘延寿："大军都已集合，你想让众军泄气么？"甘延寿知道，陈汤已经毫无退路，自己再逼，他可能就会和自己同归于尽。因此，甘延寿只得同意此次出兵。

甘延寿将自己绑上陈汤的战车后，一面派人到长安向朝廷上表"自劾"矫诏之罪，"陈言兵状"，一面率领大军向西出发，浩浩荡荡向康居开进，一场惊天大战就这样拉开了帷幕。

【虽远必诛】

公元前36年那个寒冷的冬天，在郅支远遁康居八年后，汉朝的数万征西大军终于踏上了征途。

甘延寿和陈汤采取分路挺进，南北合击的战法。四万人的军队被分成了六路，其中三路沿着西域南道越过葱岭，绕道大宛王国；另外三路则由西域北道穿过乌孙，直插阗池西岸。

西征大军进入康居后，陈汤严令军队不准烧杀抢掠，并积极联络被郅支欺负的康居贵族，在康居本地人的带领下，汉朝军队迅速包围了郅支城。

郅支单于一觉醒来，发现城外都是汉朝军队，一时间慌了神。他派人到汉军营中询问汉军到此何为，汉军回答，你曾经说康居这个地方不适合居住，想到汉朝去居住，我们皇帝看了信后觉得你甚是可怜，便让我们来迎接你啊。

郅支单于想起这是自己曾经羞辱汉朝使者的说辞，现在成了对方羞辱自己的把柄。他异常气愤，但此时气愤的郅支能做的也只能是回到宫殿，靠砍翻几张桌子，杀掉几个宫女泄愤了。

甘延寿和陈汤包围郅支城后，在离城三里的地方扎起大营。郅支眼见突围无望，索性铁了心与城池共存亡。他将军队都拉上城墙固守，还派出骑兵在城外示威，甚至冲击汉军，但很快就被汉军成千上万的弓弩给射回了城。那以后，一旦有匈奴兵出城，汉军就报以铺天盖地的箭雨，郅支和他的军队都只能龟缩城内，不敢再出城迎战。

甘延寿和陈汤怕久则生变，不久后就对郅支城发动了总攻。

被他们包围的郅支城是一座西域地区常见的土城，但外面有两层坚固的木城墙。匈奴是极其善射的民族，当汉军攻城的时候，匈奴人通过木城栅格不停向汉军放箭，一时间汉军无法攻入城池。郅支还带领他的妻妾上城，给守军打气。但即便是郅支亲自督战，汉军的箭雨也逐渐盖过了匈奴人的箭雨。郅支也被射中脸颊，慌乱撤回内城。汉军趁机逼近木城，放火烧了木城。

第五章 郅支围城

在烧掉木城后,陈汤和甘延寿指挥大军继续进攻内城。眼看破城在望,忽然陈汤得到战报,一万多康居骑兵向汉军发动了进攻。

这里就不得不谈下汉军的军备。在西汉一朝,汉朝军队是在与匈奴的作战中,边打边学,日益壮大起来的。想当初,卫青、霍去病攻打匈奴时候,采用的便是以骑兵对骑兵的方法,取得了很大胜利,诞生了霍去病这样将骑兵大纵深穿插与分割包围运用到行云流水的天才。

但汉朝的这种以骑兵对骑兵的战法对战马的需求与消耗都特别大,汉朝为了填补战马空缺和提高战马质量,不惜远征大宛,获取汗血宝马,使汉朝建立起能与匈奴抗衡的强大骑兵部队。

另一方面,汉朝还继承了秦朝强大的弓弩制造能力。在霍去病这个汉朝骑兵天才横空出世之前,汉军与匈奴的作战更多的是依靠强大的战车与弓弩军,尤其是依靠强大制造能力造出的弩车与弩炮,成为匈奴人心中一直甩不去的阴影。也正是靠着强大的弓弩军,李陵敢带着一支五千人的步兵深入匈奴腹地作战,并给予数万匈奴大军以重大杀伤。此外,汉军的战车部队能在野外遭遇骑兵时候,迅速形成环形防御,保证己方不被快速机动的骑兵分割。

因此,即使围攻郅支城的汉军遭到康居骑兵的忽然袭击,也能从容地利用战车和强弩及时形成防御。康居骑兵多次冲击汉军阵地,都被汉军强弓硬弩射回,损失严重。

陈汤见内城久攻不下，就让军队在城池四周开始放火。借着火势，汉军一拥而上，破城而入，康居援兵见郅支城已破，就急忙逃跑了。陈汤率军攻入郅支王宫，郅支带着残部负隅顽抗，最终被乱军所杀。最后清点战果，这一仗共斩单于、阏氏、太子、王公以下1518人，生俘145人，投降者1000多人。

第二年，郅支单于的人头被送至长安，数十年的汉匈之战也随着郅支城那把大火一起结束了。郅支被杀后，呼韩邪单于表示"愿守北幌，累世称臣"，彻底归附了汉朝。汉朝皇帝也将中国四大美女之一的王昭君作为和亲公主嫁给了呼韩邪单于，匈奴与汉朝的臣属关系终于确定，自秦以来的北方边患得以肃清。立下这千秋功业的陈汤凭此一役，成为盖世名将，赢得了巨大了声誉，但他心心念的拜将封侯却没能实现。

这也早在陈汤的预料之中，虽然他取得了不世之功，但他假传圣旨的罪名却不得不治。因为对皇帝来说，一旦承认陈汤的这次功绩，就相当于承认了外臣假传圣旨的行为，这对于一个统治者来说是何其可怕。但汉朝皇帝也不能杀了立下千秋功业的陈汤，于是就将他和甘延寿发配到了敦煌，直到后来王莽执政时他们才得以封侯。

但甘延寿和陈汤在给皇帝汇报战况的那道疏奏，却在当时就成为汉朝气象的最好写照，千百年来，每每被人读到时，仍旧热血沸腾。其文如下：

第五章　郅支围城

郅支单于惨毒行于民，大恶逼于天。臣延寿、臣汤将义兵，行天诛，赖陛下神灵，阴阳并应，陷阵克敌，斩郅支首及名王以下。宜悬头槀于蛮夷邸间，以示万里，明犯强汉者，虽远必诛！

【罗马军团】

回顾这场远征郅支城的战役，虽然我们为陈汤和甘延寿的发配扼腕叹息，但他们的名字与事迹已经留在了浩繁的史书中了。对于一个存在时间不到百年的脆弱生命个体而言，能在有限的生命征程中让自己流芳千古，又夫复何求呢？

相比陈汤和甘延寿的流芳千古，这场战役中的绝大多数人都被时间的尘埃淹没了。但2000多年后，一个英国人在1957年发表了一篇题为《古代中国的一座罗马城》的文章，提到陈汤在远征郅支战役中俘虏了一批罗马战俘，后被安置在中国境内。当时，一些学者考证这些俘虏或许就是公元前53年卡莱尔战役中那个神秘失踪的罗马军团。

史载公元前53年，西方的古罗马帝国一片战火连天的景象，帝国元老之一克拉苏为了和恺撒、庞培争夺霸权，带着七个军团开启向东征伐的序幕。罗马军团越过幼发拉底河，对西亚大国安息发动了进攻。

双方在一个叫卡尔莱的地方进行了大决战。

那场战役中，无数的帕提亚骑兵配合安息、希里和卡帕步兵对罗马军团发动一次又一次的决死冲击，但罗马军团的重甲方阵稳如磐石，士兵们随着号角声的变化，不断变化阵型，凭借密切的配合斩杀了无数安息士兵。为了打垮罗马士兵的心理防线，据传安息国王派出三百死士，排队走到罗马士兵面前从容自尽。这一震撼的场面彻底击溃了罗马军团心理防线，阵型一时间散乱开来。安息大军趁机进攻，罗马军团坚固的战阵终于被撼动，对于几乎都是步兵的罗马军团来说，这一撼动是致命的。最终，遭到重创的罗马军团被围困在沙漠中，克拉苏被俘后遭到斩首。

公元前20年，交战了三十多年的罗马和安息签订了停战协议。当罗马要求安息交还当年在卡莱尔战役中被俘的克拉苏长子普布利乌斯时，安息国提到，当年克拉苏长子普布利乌斯带着罗马精锐的第一军团六千余人向东突围后失踪了，这成了当时罗马与安息之间的一件悬案。

1957年，一个英国人在一篇题为《古代中国的一座罗马城》的文章提出，当年普布利乌斯带着突围的罗马军团逃到了西域的康居国境内，后来被流亡至此的郅支单于部收容。

1989年，来自澳大利亚的学者哈里斯发表了在中国甘肃永昌县发现古罗马残军流落地的文章。之后，包括《人民日报》在内的许多国内媒体都对此进行了广泛地深入报道，尤其是《永昌有座罗马战俘城》的报道，在国内引起了较大反响，许多学者也投入到研究永昌罗马城的行列。

2011年，笔者参加永昌县罗马村的一个学术会议时，来自永昌县的学者和专家都认为罗马村就是罗马时代的一个失落军团流落到中国后，被安置在永昌时建立的一个村落。为此，他们列举了大量的史料和证据，其中还包含一些人的脸谱证据。在他们提供的资料中，最重要的是《汉书·陈汤传》记载的一件史事：汉元帝建昭三年（公元前36年），西域都护甘延寿和副校尉陈汤私自进军康居，斩杀郅支单于时，遇到了一支奇特的军队，这些军队与以往汉军见过的军队都不一样，"步兵百余人，夹门鱼鳞阵，讲习用兵"，"土城外有重木城"，这种使用圆形盾牌和采用重木城防御的军队，历史上只有罗马军队采用。加之有专家在翻阅国外资料时，发现在公元前53年，有一支古罗马军队被安息大军打败，在突围中失踪了。联想到汉书记载郅支城那支奇怪的军队，他们大胆认为，甘延寿和陈汤遇到的那支军队很有可能就是流落到康居国的罗马军残部。专家甚至进一步推测，当年汉朝将郅支战役中俘虏的罗马人安置在了张掖郡番禾县南（今永昌罗马村）。当时汉朝把古罗马称为骊靬国，因而这个安置地也被叫作骊靬城。《永昌县志》就曾记载：在今凉州府永昌县南，本以骊靬降人置县。

这种历史联想的猜测多少是不科学的，后来随着金关汉简和悬泉汉简等一批原始资料被发掘出来，专家在其中找到了关于汉代骊轩的记载，其中最重要与最核心的是关于汉代骊轩城存在的时间。

金关汉简记载的骊靬设县是在神爵二年以前（公元前60年），早于公元前53年古罗马军团失踪事件。

和宜便里，年卅三岁，姓吴氏，故骊靬苑斗食啬夫，乃神爵二年三月庚寅，以功次迁为。

公乘，番和宜便里，年卅三岁，姓吴氏，故骊靬苑斗食啬夫，乃神爵二年三月辛。

而在悬泉汉简中，也有许多关于骊轩的记载。

所遣骊轩苑监侍郎古成昌、以诏书送驴他。

出粟二斗四升、以食骊轩佐单门安将转、从者一人、凡二人、人往来四食、食三升。[1]

据郝树生和张德芳在《悬泉汉简研究》进一步考证，汉代的骊轩城是汉代养马机构，称为骊轩苑，并不是因安置罗马战俘而设。

至此，这个争论十余年的悬案似乎得以澄清，但那些生活在今天河西走廊武威地区的人的确有一些印欧语系人种特征；有人也认为他们与当年游牧此处的月氏人、匈奴人和印欧人种有某种基因上联系。但具体是何种联系，今天已不得而知了，历史的长河已经掩埋那些曾经的真相，只留给今人无限的遐想与追问。

---

[1] 张德芳：《汉简确证：汉代骊（靬）城与罗马战俘无关》，*http://www.lsqn.cn/mingren/PEOPLE/MRZT/200703/65593_2.html*。

即使古罗马战俘流落中国是个美丽的传说，我们仍然对传说痴迷不已。因为那是广袤丝绸之路上中西方深度交流的美好愿望。因此，就让我们放下关于这个问题的争执，把这个美丽的传说，再述说一遍吧。

丝路风云
SILU
FENGYUN

第六章

悲壮突围

十三将士归玉门

第六章 悲壮突围

在今天新疆奇台县半截沟乡麻沟梁村东北的麻沟梁，有一名叫"石城子遗址"的古城池遗址，这座城池遗址背靠天山，三面临峡谷，地势异常险峻。在2000多年前的汉代，它有个响亮的名字：疏勒城。许多人不知道的是，在这座如今只剩下断壁残垣的古城，曾经发生过一场惊天动地的大战和一次悲壮而惊心的突围。

【西域都护】

在西汉宣帝时期，汉朝第一次在西域设置了西域都护府，实现了对西域的直接管辖。但在西汉末年，王莽建立了新朝后，对匈奴采取了高压政策，使已经归附汉朝的匈奴愈发对中原王朝不满，纷纷起兵反抗。随着王莽政权的覆灭，原本归附汉朝的匈奴部落趁机脱离了汉朝的控制，并起兵劫掠中原大地。刘秀建立东汉王朝后，在派人巩固边防和修复长城的同时，积极采取手段分化瓦解匈奴，并顺利地分化了匈奴的几股势力。公元48年，反叛的几个匈奴部落拥立呼韩邪单于的孙子为单于，率部南下，主动请求重新归附汉朝，他们被称为南匈奴。而那些依旧留在漠北的匈奴则被称为北匈奴。

南匈奴驻扎在北匈奴和汉朝之间，成为阻挡北匈奴直接劫掠汉朝的一道坚固屏障，保障了东汉初年的边境安定。

眼见南侵不成，北匈奴将重心放到了西域。

实际上在王莽政权覆灭的时候，匈奴就已经控制了西域。

刘秀建立东汉王朝后，西域许多先前与汉朝修好的国家立即派遣使者到东汉，表示愿意再次归附汉朝，并愿意将王子送到东汉作为人质。但光武帝刘秀认为中原初定，需要休养生息，不打算与匈奴争夺西域控制权。因而，即便那些西域小国主动遣使送子求归附，刘秀依然无情拒绝了他们。

《资治通鉴》就曾记载：莎车王贤、鄯善王安皆遣使奉献。西域苦匈奴重敛，皆愿属汉，复置都护；上以中国新定，不许。[1]

从现在的角度来看，光武帝刘秀的做法也无可厚非。哪怕是他的先祖刘邦在建立了大汉王朝后，也对匈奴采取了和亲政策。经过文景两代皇帝的"文景之治"，才有了汉武帝大规模反击匈奴的物质基础和军事实力。

在东汉明帝继位后，国家经过几十年的建设，实力已经大体恢复。在公元69年，汉明帝征调数十万民夫修筑了上千公里的黄河防堤，使泛滥了几百年的黄河水终于服帖了下来。更为重要的是，汉明帝通过这场大工程看到了东汉已经具备大规模征调民众的能力，他准备向一直骚扰边境，肆虐西域的北匈奴开刀了。

---

[1] 司马光：《资治通鉴》，北京：北京联合出版公司，2016年，卷四十三。

第六章 悲壮突围

这时，一个叫耿秉的大将站了出来，主动提出要出击匈奴，收复西域。耿秉是云台二十八将好畤侯、建威大将军耿弇二弟的后人。当时耿秉在朝廷负责少数民族管理事务，因而最先提出了出兵西域的主张。汉明帝顺势采取了耿秉的建议，并很快就组建了一支伐匈大军。汉明帝派名将窦固与耿弇的儿子耿忠作为主力，带领一万二千人出击白山，派耿秉率一万骑兵进攻匈奴匈林王部落。同时，汉明帝还派人去东边联合乌桓等力量牵制北匈奴东部势力。

这是东汉对北匈奴的第一次主动大规模进攻，由于战场经验不足，除了窦固有点小的斩获以外，其他几路兵马连匈奴的影子都没找到，在草原上转了几圈就回国了。

但在这一场战争中，窦固发现了一个表现特别突出的年轻人——班超。

班超是班固的兄弟，原本是一介书生，后来选择了投笔从戎，参加了攻打匈奴的军队。班超在战争中表现极为突出，受到了主帅窦固的关注。一番交谈下，窦固被这个年轻人投笔从戎，欲平西域建不世功勋的抱负感动了。于是，窦固从军中选了36位精壮之士交给班超，让他带着去西域南道，联络各国，归附汉朝，一起共抗北匈奴。

在史书的记载中，班超的这次出使可谓惊心动魄。当他们到达西域的鄯善国时，就遇到了险情。一开始对他们无比热情的鄯善国王忽然冷淡起来。班超敏锐地觉察出了这其中的变化，于是他将随从召集在一起，对他们说，肯定是有匈奴使者到了鄯善国，鄯善国王此时正在归附匈奴还是汉朝之间犹豫。我们必须当机立断，杀掉匈奴使者，才能使鄯善国王断掉归附匈奴的念想。

于是，班超带着36个随从，趁着夜色包围了匈奴使者的驻地，杀将进去，将匈奴使者尽数杀死。此举使得鄯善王不得不彻底归附汉朝。而且，这件事在西域传开后，得到了效仿，于阗国王杀掉了匈奴派到于阗的使者，西域其他国家也纷纷与汉朝交好，匈奴在天山南道的势力大大削弱。

但东汉第一次出击北匈奴的战果，完全不能使汉明帝满意。

在公元74年，汉明帝又再次发动了对北匈奴的军事进攻。这次他派出了三路大军，分别由窦固、耿秉和刘张带领。他们将进入西域，进攻匈奴在西域的坚固据点——车师国。

在西汉时期，汉朝与匈奴就围绕车师之地展开了疯狂的争夺，史称"五争车师"。前文曾提到，长罗侯常惠曾专门前往西域将被匈奴围困的西域都护郑吉救出车师。当时，汉朝在汉军控制的地方拥立了亲汉的军宿为车师王，但匈奴人也在控制地拥立了一个王，这导致了车师国分裂为前后两部。西汉末年，随着王莽新朝的覆灭和中原的战乱，车师前后国都落入了匈奴手中。北匈奴将车师作为控制西域的重要堡垒，优先建设，成为北匈奴在西域的大本营。东汉要收复西域，就必须先打掉北匈奴在西域的

第六章 悲壮突围

这个桥头堡。

窦固、耿秉和刘张没有辜负汉明帝的期望，他们攻下了白山，耿秉更是率军千里疾进，攻到了车师城下，一举收复车师前后国。而且，这场战争中也涌现出了一个堪比班超的人物，他就是在刘张军中的耿恭。

史书记载，耿恭是扶风茂陵人，大概地方是今天的陕西兴平东北一带。他是名将耿况的孙子，耿弇的侄子，也是这次出征大军中耿秉的堂弟。耿恭年幼丧父，但出生在将门之家，使得耿恭自小就得到了较好的军事熏陶。在这次进攻车师的战斗中，他不负所望，表现出了杰出的军事指挥才能。

不久后，东汉准备将废置了几十年的西域都护府重新建立，汉明帝任命陈睦为西域都护，还设置了戊己校尉，任命耿恭和关宠为戊己校尉。其中，耿恭担任戊校尉，驻地是车师后国的金满城；关宠担任己校尉，驻守在车师前国的柳中城，两地互成犄角，能相互支援。

耿恭到任不久，就考虑收服西汉时期与汉朝交好的乌孙。由于西汉时期解忧公主和常惠等人打下的良好基础，乌孙在见到了耿恭派出的使者后，就立即表示重新归附汉朝。这也是王莽时期西域与中原关系断绝以来，天山南北地区首次与中原地区建立联系。但正在耿恭谋划着进一步巩固西域北道，彻底切断匈奴与西域联系时，匈奴人的报复开始了。

东汉虽然战胜了匈奴，夺取了车师，但由于路途遥远，大军粮草转运困难，东汉的大军很快就撤回了关内。当时的西域实际上只剩下西域都护府的数百兵力，而他们要面对的是不甘心失败的数万匈奴骑兵。

公元75年，匈奴左鹿蠡王听到东汉大军撤回关内以及汉明帝病重的消息后，立即亲自率领两万大军进攻车师后国。车师后国王迅速派人向耿恭求援。耿恭身边当时只有几百兵马，面对围困车师的数万兵马，许多人都劝耿恭此时去救车师无异于以卵击石，必定羊入虎口，全军覆没。

但耿恭却表示，如果现在不去救援车师，就会使大汉在西域地区失去人心。因而，即便知道这是一场有去无回的救援，耿恭还是派遣三百士兵前去救援车师。我们今天已经无法知晓这三百人的名字，也无法揣测当时他们是怀着怎样的心情甘愿为了大汉而舍身赴死。他们如预想的一样，在半路上就遇上了匈奴大军，他们慷慨赴死，无一生还。匈奴大军随即凭借强大的兵力攻下了车师后国，杀掉了车师后国王。

攻下了车师的匈奴并没有就此罢手，而是马不停蹄地包围了耿恭所在的金满城。面对匈奴两万围城大军，耿恭没有选择退却和逃跑。他知道金满城是扼守住西域北道匈奴南下的咽喉之地，汉军如果放弃了金满城，匈奴的数万大军就会迅速南下，夺取整个西域，东汉靠班超等人历经千辛万苦建立的西域通道，也可能

第六章 悲壮突围

因此再次失去。

【悲壮之战】

中国历史上的守城之战，守城一方大多在兵力上处于弱势。因为受限于当时攻城技术与装备，要攻下一座城池，一般需要比守城方多三倍以上的兵力。但在大汉王朝经营西域那个风起云涌，英雄辈出的年代，许多叱咤西域的大汉将领往往能以极少的兵力据城而守，抵挡比他们多上百倍的兵力。

这其中，最有名的就是耿恭在西域北道的两次守城之战，一场是金满守城战，一场是疏勒守城战。

在金满守城战中，耿恭身边只有区区数百人，他自己也明白如果没有援军，仅凭着这不到一千人的汉军无法守住金满城。因而，在北匈奴人的包围圈形成之前，耿恭就派大将范羌前往酒泉领取军需物资，并向中央求援。在派出范羌后，耿恭还组织将士加固城墙。金满城易守难攻的特殊地形和城墙的特殊设计，是耿恭有信心守此孤城的主要原因。

金满城位于今天新疆天山北坡180公里处的吉木萨尔县。现在吉木萨尔县境内还有当时金满故城的遗址。2014年，金满城遗址被作为丝绸之路"长安—天山廊道路网"的一部分收录为世界文化遗产。这座在唐代作为北庭都护府治所的小城，呈长方回字形。当年车师人在修筑这座城市时，就特别强化了城市防御外敌入侵的功能。在西域能工巧匠的手里，整座城市的窗户和通风口都被设计为向内开放，而且城墙十分厚实，城门异常窄，城外是陡峭的坡道。城市除了外城，还设有内城，内城上还设置了各类防御设施。更巧妙的是城内道路被设计得异常弯曲狭窄，十分不利于骑兵机动。

那时，耿恭和他的几百汉军就凭借着这座防守能力异常强大的孤城，等待着匈奴两万大军的到来。为了增加守城胜算，耿恭不仅在城内囤积了大量粮草，还派人严密保护城中的水井，并在城墙上设置了许多巡逻哨兵。同时，耿恭考虑到如果匈奴人倾尽全力不顾代价攻城的话，金满城是如何也挡不住两万匈奴大军的。因此，他利用匈奴人崇尚迷信的特点，将金满城附近一种毒草的汁液提炼出来涂抹在汉军的箭头上。这种毒箭一旦射中人体，血液就会沸腾，引发令人难以忍受的剧痛。

当左鹿蠡王指挥他的两万大军开始攻城后，耿恭迅速让汉军将涂有毒药的毒箭射向攻城士兵。那些中箭的匈奴士兵纷纷倒地哀号，一时间，战场上匈奴人哀鸿遍野。而耿恭和士兵趁机齐声大喊道：汉家神箭有神灵相助，中箭者必有异！

匈奴人素来信奉神灵，见此情景便慌乱退兵了。当夜，历来干旱的金满城又罕见地下起了大雨。耿恭趁着暴风雨又带着汉军出城，到匈奴营帐里狠狠冲杀了一番。左鹿蠡王大惊之下，又带

第六章 悲壮突围

着军队退了很远。

得胜归来的汉军将士们兴高采烈，喝酒庆祝，但耿恭却眉头紧锁，一脸愁思。他知道左鹿蠡王虽然退军，但并未撤军。北匈奴的两万大军依然在离金满城不远的地方休整，随时会发动新的进攻。而且，他派去酒泉求援的范羌依旧没有消息。他心里明白，如果没有援军，他和他的几百汉军都会被匈奴大军消耗完，失败只是迟早的事罢了。

许久没有等到范羌和援军的消息，耿恭知晓汉廷的救援是指望不上了。他带着剩余的汉军主动撤出了金满城，前往一座更为险要的城池固守——疏勒城。

在先前的防守作战中，耿恭人手不足的问题的已经充分暴露出来。金满城有四面城墙，每一面城墙都需要分兵把守。如果匈奴人采取全面进攻，城墙上的少量汉军是无法阻挡的。而耿恭准备撤往的疏勒城则完美地解决了这一问题。

疏勒城建在悬崖高山之上，三面是悬崖，只有一面有通道和城门。而且唯一的城门外还有一条天然的河流，起到护城河的作用。在疏勒城，耿恭可以完全将所有士兵都集中在唯一的正面城墙上，阻挡匈奴人攻城，而匈奴人不仅要爬山佯攻，而且山道狭窄，每次派出的进攻队伍都是小型的。这种添油战法，只能徒给耿恭他们送人头。但疏勒城也有一大缺陷，与建在平地上的金满城可以在城中挖水井不同，建在高山之上的疏勒城的唯一水源就是城门前那条天然的护城河。一旦匈奴夺取了这条河流，疏勒城将没有任何水源供给，这也成为后来疏勒城守卫战中耿恭他们遇到的最致命险情。

在耿恭移师疏勒城时，范羌的求援信也到了东汉朝廷。但朝廷既没有出兵，也没有调集西域的其他汉军救援耿恭。

实际上，当时西域的焉耆与龟兹等国眼见北匈奴重新进入西域，便反叛了汉朝。甚至出兵西域都护府，杀死了都护陈睦，并与匈奴人一道包围了柳中城的关宠。整个西域已经没有任何汉军可以派出来救援耿恭了。更为严重的是，此时的东汉王朝发生了一件惊天大变——汉明帝驾崩了。在汉明帝驾崩后，东汉王朝忙于办理国丧和新帝登基，一时间没有精力去管远在天边的耿恭了。

北匈奴单于在得知耿恭率部到疏勒城驻守后，下令左鹿蠡王务必要在最短时间内消灭掉耿恭。接到命令的左鹿蠡王迅速率军包围了疏勒城，并要求被攻占的车师也派兵一道进攻耿恭。好在当时的车师后王妃有汉人血统，暗中让车师军队给耿恭供给粮草并提供匈奴人的部署。耿恭也采取了主动进攻的战略，在左鹿蠡王率军达到后，就招募了当地千余敢死之士主动出击，打了匈奴人一个措手不及。左鹿蠡王眼见疏勒城极难攻下，于是就派人截断了山上水源，耿恭和城中守军一时间不仅面临粮草断绝的窘境，还面临着无饮用水的险情。

《后汉书》记载，耿恭和守军万般无奈之下，只能"笮（同

'榨')马粪汁而饮之"。[1]万般艰难之下,耿恭又带着将士在城中打井,希望能打井出水。由于山高,他们凿井十五丈仍没出水,所有人都陷入了绝望之中。

耿恭仰天长叹:"闻昔贰师将军拔佩刀刺山,飞泉涌出;今汉德神明,岂有穷哉。"于是,他整理好衣服,对着深井拜了几拜,心中不断祈祷。没想到,深井中忽有泉水喷涌而出,周围人都以为有神助,纷纷呼喊万岁。耿恭让人将井中的湿泥涂抹在城墙上,还让人将水泼到城外,故意让匈奴人看到。匈奴看到已经断水的汉军忽然有了水,很是惊异,再次暂停了进攻。

水源的问题解决了,但粮食的问题却无法解决。耿恭和剩余的汉军将城中所有能吃的东西全吃光了,甚至连甲胄上的皮革都煮吃完了。匈奴也知道汉军断粮多日,便派出使者前往城中劝降。使者对耿恭说,单于十分佩服耿恭,如果他能投降,单于将封他为白屋王,并将匈奴美丽的女子嫁给他。耿恭听完,便让手下把使者拉上城墙当着匈奴大军的面一刀砍了,从而表明了自己誓死不降的决心。被激怒的匈奴人再次对疏勒城发动进攻,耿恭望向东方,他等待着范羌,等待着东汉的救援大军。

---

[1] 范晔:《后汉书》北京:中华书局,2007年,卷十九。

【大汉军魂】

当耿恭和仅剩的数十汉军在疏勒城死守时,东汉朝廷正为是否救援耿恭而爆发了一场大争吵。当时刚即位的汉章帝年轻气盛,内心是主张去救援耿恭的。但他刚即位,许多军国大事还得听听大臣们的意见,在他提出是否救援耿恭的时候,朝廷上瞬间就分成了两派,在朝堂上唇枪舌剑地吵起来了。

以司空第五伦为代表的一派认为,如果现在派兵救援耿恭,路途遥远,势必要牺牲更多的人,得不偿失。何况,耿恭已经被匈奴人包围一年多,说不定早就被匈奴消灭了。

而以司徒鲍昱为代表的救援派则认为,如果现在大汉朝廷不去救援耿恭,那么就会寒了那些远赴西域戍边将士的心。耿恭尚能在完全无望的形势下派出三百士兵救援车师,我们现在如果不救援耿恭,今后谁还愿意去西域戍边,谁还愿意为汉家天下毅然赴死呢?

鲍昱的慷慨陈词感染了朝堂上的众多大臣,更感染了年轻的汉章帝,他迅速决定从张掖、酒泉、敦煌三郡发兵,并联合鄯善国,出兵七千余人千里救援。

公元76年,救援大军打败匈奴,再次攻下了车师,进抵柳中城。但令人遗憾的是,汉军到达时,关宠部已经全部力战殉国了。

救援大军的主帅王猛眼看关宠已经战死,料想耿恭也肯定凶

第六章 悲壮突围

多吉少。于是，他主张放弃救援耿恭的计划，抬着关宠的遗体准备打道回府。

这时，随军出征的范羌跳了出来，声泪俱下恳请去救援耿恭，他相信耿恭他们一定还活着。当时，从柳中城去疏勒城要翻越冬天的天山，路途十分艰险，而且疏勒城还有数万匈奴大军，许多将领都不愿意再次冒险。

最后，王猛给范羌两千兵马，让他独自去救援耿恭。

范羌就带着这两千精锐的兵马翻越了皑皑白雪的天山，历经千辛万苦，终于达到疏勒城下。

范羌只有两千人，于是他选择在深夜前往疏勒城，接出耿恭。而此时的耿恭部已经只剩下不到三十人，他们已经饿得连站立的力气都没有了，忽然听到城外响起人马声，他们以为匈奴夜袭，准备起身反击。范羌一边进城，一边呼喊：我乃范羌，大汉援军到了！

耿恭与手下听到望眼欲穿的援军终于到达，几乎喜极而泣。众人迅速出城，在范羌的掩护下，向东面撤退。匈奴人发现耿恭逃跑后，立即派出骑兵追击。汉军且战且退，匈奴人未能占到便宜。

从疏勒到玉门，路途艰险。隆冬的大雪落在他们身上，升腾起阵阵白雾，又迅速结成冰霜。对耿恭和剩余的将士来说，漫天的大雪与崎岖的山路成了比匈奴弯刀更可怕的存在。

· 145 ·

当他们望见玉门关时，耿恭和他的部将仅剩十三人。

玉门关守将率文武官员出关迎接，给这群汉朝的脊梁之士奉上了甘甜的美酒和丰盛的食物，甚至亲自为他们沐浴更衣。

将军百战死，壮士十年归。

当年耿恭带着这群将士出征时，他们意气风发，梦想着建功西域。而今，他们中的许多人永远留在了遥远的西域，留在了金满城的戈壁上，留在了疏勒冰冷的河流中。他们的尸骨和姓名都随岁月埋进了历史的长河，无人祭奠，亦无人怀念。

相比之下，活着走进了玉门关内的十三壮士则无比幸运，建功立业的壮志终于实现，他们被簇拥着到了都城洛阳，接受大汉天子给予的封赏。

其实，在他们到达洛阳前，玉门关守将郑众就以个人名义给朝廷上书，请求表彰封赏这铁血忠魂的十三将士，其言凿凿，情亦恳切：

恭以单兵守孤城，当匈奴数万之众，连月逾年，心力困尽，凿山为井，煮弩为粮，出于万死，无一生之望。前后杀伤丑虏数百千计，卒全忠勇，不为大汉耻，恭之节义，古今未有。宜蒙显爵，以厉将帅。[1]

年轻的汉章帝亦为耿恭一行的热血与壮志所感，在耿恭一行到达洛阳后便封耿恭为骑都尉，封范羌为共县丞，石修为洛阳市

---

[1] 司马光：《资治通鉴》，北京：北京联合出版公司，2016年，卷四六。

丞，张封为雍营司马，剩下的九人也加入皇家御林军。

耿恭没有欣喜，他离开皇宫后，独自走完了繁华的洛阳长街，百战余生，他对生死早已参透。但在皇宫听到自己母亲已经去世的消息时，他落下了泪。

朝堂之上，汉章帝许诺派五宫中郎将带着朝廷赏赐的牛和美酒陪他去祭奠母亲，他感激地叩谢皇恩，但心中早已悲伤如河。

对于十三将士的壮举，当世和后代都给予了高度评价。

鲍昱赞扬耿恭"节过苏武"。

范晔在《耿恭传》后附言"余初读《苏武传》，感其茹毛穷海，不为大汉羞。后览耿恭疏勒之事，喟然不觉涕之无从。"[1]

诗人戴叔伦曾写下："愿得此生长报国，何须生入玉门关"。

唐朝时，大诗人王维曾写过一首《老将行》，其诗如下：

少年十五二十时，步行夺得胡马骑。

射杀山中白额虎，肯数邺下黄须儿。

一身转战三千里，一剑曾当百万师。

汉兵奋迅如霹雳，虏骑崩腾畏蒺藜。

卫青不败由天幸，李广无功缘数奇。

自从弃置便衰朽，世事蹉跎成白首。

昔时飞雀无全目，今日垂杨生左肘。

---

[1] 范晔：《后汉书》北京：中华书局，2007年，卷十九。

路旁时卖故侯瓜，门前学种先生柳。

苍茫古木连穷巷，寥落寒山对虚牖。

誓令疏勒出飞泉，不似颍川空使酒。

贺兰山下阵如云，羽檄交驰日夕闻。

节使三河募年少，诏书五道出将军。

试拂铁衣如雪色，聊持宝剑动星文。

愿得燕弓射大将，耻令越甲鸣吾君。

莫嫌旧日云中守，犹堪一战取功勋。

诗里"誓令疏勒出飞泉，不似颍川空使酒"，便表达了诗人王维对耿恭和十三将士事迹的敬佩之情。

1880年，晚清栋梁之臣左宗棠平定"阿古柏之乱"后，其专门在喀什修建了"耿公祠"。

而在今天的奇台县，每年夏天，都会有来自全国各地的游客，在那些红色或者金色的花儿前拍照。牧民的牛羊在一望无际的花海中悠闲而惬意地啃食牧草，毡房上的袅袅炊烟，小孩们的欢笑，让人真切地感受到这座城市的美好与娴静，仿佛那场两千多年前的战争从来就没发生过一样。

丝路风云

SILU
FENGYUN

第七章

燕然勒功

窦宪出击北匈奴

第七章 燕然勒功

从宋康定元年到庆历三年这段时间，大宋著名文学家、政治家范仲淹前往西北前线，为大宋守卫边防。那是北宋与西夏金戈铁马的峥嵘岁月。羌管悠悠，霜雪漫天，边关戍卒在报国与思乡之间摇摆不定。任陕西经略副使兼延州知州的范仲淹为激励士气，在《渔家傲·秋思》里写下了千古名句：浊酒一杯家万里，燕然未勒归无计。

千百年来，"燕然未勒归无计"成为戍边将士报国建功的座右铭，激励着一批批热血男儿奔赴边疆，建立不朽功业。

如今，我们再次读到这激荡人心的诗句，仿佛就看到历史烟尘中走来的冠军侯窦宪，还有他燕然勒功的传奇。

【窦宪出击】

在遥远的历史深处，有一个叫扶风的地方显得格外耀眼。据文献记载，扶风旧为三辅之地，多豪迈之士。李白曾在《扶风豪士歌》中写下"扶风豪士天下奇，意气相倾山可移"的豪烈之句。

在一千多年前某个已经不可考的日子，窦宪出生在扶风郡下的平陵县。他出生的家庭可谓将星云集，万分显贵。他的曾祖父是光武帝云台三十二将之一的安丰侯窦融，他的祖父窦穆娶了光武帝的女儿，他的父亲窦勋娶了沘阳公主，他的叔叔是东汉名将显亲侯窦固。

出生在如此不平凡的家庭，也注定了窦宪将领受上天给予的不平凡命运。

然而，在他获得不平凡功绩前，命运之神便给了他深重一击。

灾难来自他骄横的祖父窦穆。

史称窦穆常与市井之徒交往，还干预郡县政事。因其封地近六安国，窦穆便矫太后诏，令六安侯将原配之妻休掉，再娶自己女儿，从而实现控制六安的目的。六安侯刘盱将窦穆逼迫之事上报朝廷，汉明帝大怒，将窦家在朝廷任职之人进行罢免。数年后，明帝又以贿赂之罪将窦穆，以及窦宪之父窦勋，叔叔窦固赐死。年幼的窦宪一夜间就成了孤儿和罪臣之子。

好在命运之神再次眷顾了窦家。公元77年，东汉章帝册封窦宪之妹为皇后，窦家再次复兴。就像汉武帝时代的李广利一样，哥凭妹贵，窦宪也因妹妹被封皇后，一时间"赏赐累积，宠贵日盛，自王、主及阴、马诸家，莫不畏惮"。[1]

历史总是惊人的相似，在窦家重新拾起滔天权势后，窦宪又走上了祖父窦穆的老路。他依仗着妹妹的权势，用低价强买了当时沁水公主的田园，公主忌惮窦宪家族权势，竟不敢反抗。在一次偶然机会，汉章帝途径那片田园，发现土地变成了窦宪私地，

---

[1] 范晔：《后汉书》北京：中华书局，2007年，卷二十三。

调查之下才得知是窦宪低价强买。汉章帝一时震怒不已，让他把田园还给了公主，但看在他妹妹的脸面，汉章帝没有处罚窦宪。

公元88年，东汉章帝病逝，汉和帝刘肇即位。当时，刘肇只有十岁，其母窦太后掌握了政权，窦宪以外戚身份掌握了朝政。他更加骄横跋扈，甚至派人将曾经审判过他父亲窦勋的谒者韩纡处死，割下首级到窦勋墓前祭奠。公元89年，他又派刺客将妹妹的宠臣都乡侯刘畅杀死，嫁祸于他人。事泄后，窦太后震怒，将其幽禁在深宫之中。

在窦宪被囚禁深宫之时，南匈奴单于屯屠何向窦太后请求趁着北匈奴天灾不断，内部争斗不息，出兵一举消灭北匈奴。

窦太后召集群臣讨论出兵事宜，大臣分为两派，一派认为一旦联合南匈奴将北匈奴彻底消灭，草原上便将是南匈奴一家独大，将打破匈奴与东汉之间的战略平衡。另一派以大臣耿秉代表，他们认为这将是一个彻底消灭北匈奴的千载难逢的机会。最终，窦太后接受了耿秉的建议，同意出兵北匈奴。

窦宪听闻此事，便向妹妹表示他愿意出征北匈奴，以此将功赎罪。

窦太后便封他为车骑将军，令他率步兵、长水、射声、屯骑、越骑等五校之军以及云中、定襄、雁门、代郡、朔方、五原、上郡、西河、安定、北地、渔阳、上谷郡的精锐骑兵出击北匈奴。同窦宪一道进兵的还有南匈奴，以及归属汉朝的鲜卑、乌桓等羌胡骑兵。

三路大军从不同方向进军，约定会师涿邪山，一场大战的大幕就此拉开。

窦宪和耿秉各率精骑四千，同南匈奴左谷蠡王师子的一万骑兵，出朔方郡北进；南匈奴单于屯屠何，率匈奴万余骑兵出满夷谷；度辽将军邓鸿及缘边义从羌胡八千骑，会同南匈奴左贤王安国所率的一万骑兵出稠阳塞。

汉军进抵今蒙古国吉尔连察汗岭西北的稽落山时，便遇上了北匈奴的主力，一场惊天大战之后，汉军最终取胜。北匈奴单于率残部一路北逃，窦宪率军追赶，一直追到了今天蒙古国邦察干湖（私渠比鞮海）。

这一战，窦宪部斩杀匈奴名王以下一万余人，获马牛羊等百万多头。温犊须、日逐、温吾、夫渠王柳鞮等八十一部率众归降者，前后达二十余万人。取得大胜的窦宪，想起了当年的霍去病，于是率军登上燕然山，令中护军班固刻石作铭，记述汉军的威德和丰功。

《后汉书》对此进行了详细记载：

惟永元元年秋七月，有汉元舅曰车骑将军窦宪，寅亮圣明，登翼王室，纳于大麓，惟清缉熙。乃与执金吾耿秉，述职巡御，理兵于朔方。鹰扬之校，螭虎之士，爰该六师，既南单于、东乌桓、西戎氐羌侯王君长之群，骁骑三万。元戎轻武，长毂四分，云辎蔽路，万有三千余乘。勒以八阵，莅以威神，玄甲耀日，朱旗绛天。遂陵高阙，下鸡鹿，经碛卤，绝大漠，斩温禺以衅鼓，血尸逐以染锷。然后四校横徂，星流彗埽，萧条万里，野无遗寇。于是域灭区单，反斾而旋，考传验图，穷览其山川。遂逾涿邪，跨安侯，乘燕然，蹑冒顿之区落，焚老上之龙庭。上以摅高、文之宿愤，光祖宗之玄灵；下以安固后嗣，恢拓境宇，振大汉之天声。兹所谓一劳而久逸，暂费而永宁者也。乃遂封山刊石，昭铭上德。其辞曰：铄王师兮征荒裔，剿凶虐兮截海外，夐其邈兮亘地界，封神丘兮建隆嵑，熙帝载兮振万世。[1]

这次出征北匈奴之战，可谓斩获颇丰，但与以前卫青的漠北之战一样，还是让北匈奴单于跑了。窦宪想弥补这一缺憾，于是他派军司马吴汜、梁讽等继续寻找北匈奴单于的下落。功夫不负有心人，两人在西海发现了万分落魄的北匈奴单于。梁讽没有对北匈奴单于发动进攻，而是劝说他归附汉朝。已经穷途末路的北匈奴单于已经没有退路，最后听从了梁讽的建议，带着残部随梁讽到汉朝请罪。但走到一半，他又犹豫起来，最终决定派自己的弟弟去洛阳请求归顺，自己留在了草原上。汉朝认为北匈奴单于临时变卦是不诚心归附的表现，于是，拒绝接待他的弟弟。北匈奴单于又派车偕储王等贵人到居延塞，请求朝见。当时南匈奴见到北匈奴单于竟然也要归附汉朝，于是上表请求不要给北匈奴任

---

[1] 范晔：《后汉书》北京：中华书局，2007年，卷二十三。

何求和机会，一举歼灭北匈奴。汉朝思虑一番，觉得北匈奴已经穷途末路，没有利用价值，不能因为北匈奴而得罪一直对自己忠心耿耿的南匈奴，于是，同意了南匈奴意见。

公元90年，窦宪派副校尉阎盘率两千骑兵进击屯驻于伊吾卢地区的北匈奴军，一举占领了伊吾卢地区，吓得车师前后王纷纷遣子入侍。

那一年，汉朝还派班固与梁讽前去接受北匈奴的归降。但暗中却让南匈奴派了八千骑兵会同中郎将耿谭，趁着夜色包围了北单于的大帐。两军发动进攻后，北匈奴单于慌忙迎战，混战中带伤突围了。南匈奴在这一战中斩获无数，不仅缴获了北匈奴单于的玉玺、俘获阏氏及儿女，还斩首八千人，俘虏数千人。而且，这一仗后，许多北匈奴部众纷纷来投靠南匈奴。南匈奴一时"党众最盛"，人口达到三万余户，将近二十四万人，兵力也扩充到五万人。

负责出塞接受北匈奴单于投降的班固与梁讽一直追到私渠海也没有发现北匈奴单于。这位可怜的单于在一波波的疲于奔命中，已经吓破了胆，他一口气跑到了金微山，即今阿尔泰山附近地区。

永元三年(公元91年)，窦太后想给这位可怜的北匈奴单于以最后一击。她派左校尉耿夔、司马任尚，率军从居延出发，出塞五千余里，将北匈奴单于包围在金微山。一场大战，斩杀北匈奴五千多人，还俘获了北匈奴单于的母亲，但善于逃跑的北匈奴单于又一次成功逃脱了。这一次，他带着几个亲兵逃到了乌孙国，随后又逃到更远的康居国。

虽然北匈奴单于再次逃脱，但他的北匈奴国已经在汉军和南匈奴的联合打击下分崩离析了。在他逃走后，他的弟弟右谷蠡王于除鞬自立为北匈奴单于，他们尚有两万多人，盘踞在蒲类海一带。于除鞬知道自己没有力量同强大的汉朝相抗衡。因而，他自立为单于后便立即派人到汉朝请求归附。汉朝也意识到彻底消灭北匈奴对东汉并没有什么好处，于是就做了个顺水人情。在公元92年，派耿夔为使，到北匈奴册封于除鞬为北匈奴单于。

这时，汉朝却发生了一件大事——窦宪被皇帝处死了。

汉和帝清楚，以窦宪的脾性，功高必定震主。于是皇帝与中常侍郑众商议，待窦宪回朝便将其赐死。

永元四年，窦宪回到洛阳，汉和帝没收了他的大将军印，封其为冠军侯。在他去封地的路上，汉和帝令他自杀的诏书就到了，这位骄横的将军只能无奈自杀。

窦宪自杀后，他提议册封的于除鞬单认为窦宪之事必会连累自己，于是他擅自跑回了漠北之地。汉和帝派长史王辅与任尚去追赶，一番劝说，终于让于除鞬答应回去。但回程的路上，王辅与任尚为了防止于除鞬再次反叛，竟把于除鞬和他的部众全部杀死。自此，北匈奴势力几乎消失了，那些幸存下来的北匈奴人，一部分归顺了南匈奴，一部分去投奔了康居的北匈奴单于，还有一部分归顺了鲜卑，逐渐被鲜卑同化。鲜卑部落联盟也由此而兴起，到公元3世纪时出现了最强大的三部：鲜卑宇文部、鲜卑拓跋部和鲜卑慕容部。

至于南匈奴，被迫进入汉朝，彻底成了汉朝的臣属。他们的军队因为强悍的作战能力，成为汉朝的主要军源地，而老幼和妇女则专心从事农牧生产，逐渐融入了汉朝农耕文化。而逃到康居的北匈奴单于，开始了西迁之旅，这一次西迁改变了整个欧洲的历史进程。

【一路向西】

2004年，东欧国家匈牙利发生了一件轰动世界的新闻：2500名居民要求政府承认他们是匈奴民族。虽然匈牙利政府最终没有批准他们的诉求，但一段北匈奴西迁欧洲的古老故事又再次进入了人们的眼帘。

在历史的记载中，被东汉穷追不舍的北匈奴残部先是逃到西域的乌孙，后又逃到了更西边的康居国，并和当年郅支单于留在康居的残部会合后，继续向西迁移，一直迁到了康居以北2000里的阿兰国。当时阿兰人属于游牧民族，在顿河一带放牧，北匈奴到达阿兰国时，双方随即发生了一场惊天动地的大战。阿兰人当

第七章 燕然勒功

时虽有十万大军，但是军队的战斗力和常年与汉军作战的匈奴人比起来，还是差了一大截。这一仗，阿兰国王被杀，国家也被匈奴人抢占，阿兰这个国家迅速消失在历史长河中。那些在战争中幸存下来的阿兰人加入匈奴民族，成了匈奴人的一部分。

在消灭和占领了阿兰国后，北匈奴瞬间找回了和汉朝对抗中失去的信心。他们携胜利之余威，继续向西，兵锋指向了当时的欧洲大国东哥特。历史上的东哥特属于日耳曼民族，其领土甚为广大，包括了今天的意大利半岛、西西里岛以及达尔马提亚等地区，与旁边的罗马帝国相比，东哥特人在军事上比较有优势。因此，当匈奴大军来到东哥特时，东哥特人并没有感到害怕，国王亥耳曼纳奇立即率领重装骑兵和匈奴人展开厮杀。但在双方打得热火朝天的时候，那些先前被东哥特征服的部落却纷纷起来造反。腹背受敌的亥耳曼纳奇最终兵败被杀，剩余的东哥特人纷纷逃到了邻国西哥特。东哥特的惨败极大地震动了欧洲，对野蛮匈奴人的恐惧像瘟疫一样弥漫在欧罗巴大陆上。

连战连捷的匈奴人并没有停下战争机器，他们擦干净战刀上的鲜血，继续向西，向西，向西。

在德涅斯特河畔，北匈奴看到了富饶而美丽的西哥特土地。他们没有给西哥特人任何喘息的机会，迅速偷渡德涅斯特河，兵峰直插西哥特人的侧翼。这种侧面攻击的战法，迅速击溃了在德涅斯特河畔等待正面决战的西哥特大军。他们选择败逃，一溃千里，像当年的东哥特一样，他们丢掉了国土后躲进了邻国罗马，而当时罗马出于利用西哥特人抵挡匈奴人的战略，同意西哥特人入境，并将西哥特人安排在边境居住，成为抵挡匈奴大军的第一道防线。但强大的西哥特不甘心作为罗马抵挡匈奴人的炮灰，加之西哥特人在罗马过着寄人篱下的生活，他们索性起兵攻打收留了他们的罗马帝国。西哥特强大的重装骑兵在与罗马重装步兵的对决中取得了决定性胜利，罗马皇帝不得不与西哥特达成新的协议：将多瑙河南岸的土地划给了西哥特，同时给予了西哥特半独立的地位。作为回报，西哥特人承诺在匈奴人攻击罗马时与罗马并肩作战。

虽然从表面上看来，西哥特人和罗马人实现了和平，但这种和平之下潜藏着随时都可能喷发的火山。打下了东哥特和西哥特的匈奴人没有继续进攻罗马，因为对他们来说，罗马帝国的体量太大了。他们要进攻如此巨大的一个帝国，必须先充实自己的力量。

一方面，匈奴人征服了今天匈牙利地区，征服了那些土地上的日耳曼民族。这块在喀尔巴阡山到罗马之间的广阔草原，为匈奴的再次崛起奠定了扎实基础。他们开始在漫长的征战与迁移中停下脚步，开始繁衍生息，秣马厉兵，为进攻罗马帝国做准备。

另一方面，在西哥特人进入罗马时，匈奴人也让一些部落混在其中进入了罗马，并在罗马的潘诺尼亚和下摩西亚定居下来，成为匈奴进攻罗马的桥头堡。而且，匈奴人在西哥特人与罗马爆发战争后，很明智地选择站在西哥特一边。如在西哥特人和罗马的阿德里雅堡之战中，匈奴人帮助西哥特人打败了罗马人，这也导致原本为罗马阻挡匈奴人的西哥特人在匈奴和罗马之间选择了中立。

在匈奴人暗自壮大自己实力的时候，罗马帝国不仅没有壮大自己的实力，还在公元395年分裂了。帝国分裂后，阿卡迪乌斯成了东罗马皇帝，霍诺留成为西罗马皇帝，两人虽然是亲兄弟，但却爆发了战争，相互消耗。匈奴人眼见罗马分裂为东西罗马后，觉得进攻罗马的时机终于到来了。

公元408年，在首领乌丹的带领下，匈奴人进入了东罗马，但遭到了东罗马军队的伏击，损失惨重。乌丹也险些在这场伏击中受伤，他暂时放弃了进攻东罗马的战略。

数年后，乌丹怀着无尽的遗憾去世。新继位的匈奴王对东罗马的莱茵河流域领地展开了常年地劫掠，一度侵入到色雷斯和马其顿尼亚一带。东罗马不得不向匈奴人纳币求和，双方暂时维持了表面的和平。

公元432年，匈奴王卢阿去世，布雷达和阿提拉共同执政，阿提拉上任不久就逼迫东罗马签订了一系列不平等条约。此外，阿提拉还发兵对匈奴内部那些投靠东罗马的部落进行镇压。

【上帝之鞭】

公元444年，在镇压了最后一个反叛的匈奴部落后，匈奴实现了内部权力的再次集中和统一。因为布雷达在不久前去世，有传言是被阿提拉所杀。但不管怎样，阿提拉成为匈奴唯一的执政者，他即将开启匈奴人在欧洲大陆上的辉煌时代，让他们祖先冒顿单于的荣光再次闪耀在欧罗巴大陆上。

实际上，阿提拉与冒顿有许多相似的经历。他12岁时被作为人质送到罗马。在做人质期间，他接受了系统而全面的罗马教育，也学会了罗马式的生活方式和治国手段，这些都对后来他领导匈奴崛起到了重要作用。

在阿提拉成为匈奴王后，他首先将进攻的目标放在了波斯帝国，但亚美尼亚一战后，阿提拉见识到了波斯重装骑兵的威力，便放弃了征服波斯的企图，再次将目光转到国富兵弱的东罗马。

公元440年，阿提拉带着大军渡过了多瑙河，劫掠了伊利里亚、色雷斯、费米拉孔等地区，兵锋一度到达马古斯城。第二年，东罗马皇帝狄奥多西二世整顿军队，挡住了阿提拉的进攻。阿提拉提出与狄奥多西二世签订一个更加不公平的条约，在要求被拒绝后，阿提拉再次对多瑙河沿岸的罗马军队发动了攻击，并再次横扫了巴尔干半岛，占领了罗马70多座城市，甚至进攻到了首都君士坦丁堡城下。

第七章 燕然勒功

虽然阿提拉在这次出征中动用了大量的重型攻城器械,但面对深沟高墙的君士坦丁堡,阿提拉只能望城兴叹。

公元448年,阿提拉和狄奥多西二世签订了和平条约,将多瑙河南岸到色雷斯的大片土地割让给了阿提拉,并支付了大量的财物。

但这样的和平没有维持多久。公元450年,狄奥多西二世一命归天了。继位的巴尔吉莉阿是罗马历史上的第一位女皇帝,她和她的丈夫马尔西安决定不再对阿提拉妥协,他们提出不再向阿提拉交保护费。令他们惊讶的是阿提拉一听到这样的消息后,非但没有生气,反而一口答应了。

这是因为当时阿提拉看到东罗马经过他的几次劫掠,已经满目疮痍,实在榨不出油水了。那时,他已经将劫掠的目标锁定在了西罗马。西罗马的最高军事长官是埃提乌斯,他被送到北匈奴做人质期间,与阿提拉互相熟识,建立了深厚友谊。因此,阿提拉不能像对付东罗马那样明火执仗地去攻打西罗马,他需要一个看似冠冕堂皇的理由。很快,这个理由就有了。

当时,阿提拉收到了西罗马公主霍诺利娅让人送来的一封信。信里,这位浪荡的公主表示希望嫁给阿提拉。为了表达诚意,还送给阿提拉一枚戒指作为信物。

这个霍诺利娅公主的事迹,阿提拉早有耳闻。她16岁时就因与宫廷侍卫淫乱而被软禁。但就在她被软禁了十年的时候,她听到了威震东西罗马的大英雄阿提拉，她便希望通过嫁给这位大英雄而结束自己的囚笼生活。

阿提拉对这位生性淫荡的公主自然没什么兴趣，但他还是立即答应了这门婚事，因为他想通过这门婚事，找到进攻西罗马的借口。一切准备妥当后，阿提拉便向西罗马皇帝瓦伦丁尼安三世提亲，但他要求瓦伦丁尼安三世将西罗马一半的土地和人口作为嫁妆送给自己。瓦伦丁尼安三世虽然昏聩，但还没昏聩到答应阿提拉这种无理要求的程度，他果断拒绝了阿提拉的提婚。

阿提拉对瓦伦丁尼安三世的拒绝很满意，他终于找到了进攻西罗马的借口。

公元451年，阿提拉集结了50万大军，以去西罗马接回自己的未婚妻为由，发动了对西罗马的全面进攻。

虽然表面上这是匈奴和西罗马之间的战争，但实际上是欧洲各部族之间的混战。因为，在阿提拉的队伍中，大量战士来自阿兰、撒克逊、东哥特、勃艮第等欧洲本土。西罗马的军队中，则又加入了数量众多的凯尔特人、勃艮第人、法兰克人、莱提人、布雷翁人、撒克逊人和萨尔马提亚人。

战争开始后，西罗马派使者联络了西哥特人，组成了战略同盟，得到了西哥特重装骑兵的支持，西罗马有了抵抗阿提拉的实力。

双方在沙隆地区展开了大决战。

在这场决定欧洲历史命运的大决战中，双方都拼尽全力想

第七章 燕然勒功

置对方于死地。从双方力量对比来看，阿提拉的军队占了很大优势。但西哥特的王子托里斯蒙德极具战略眼光，在战前抢占了整个战场的制高点，从一定程度上拉平了双方参战力量的差距。

阿提拉的大军和西罗马联军开战后，阿提拉首先率领他强悍的中军直插西罗马中军。

西罗马的中军由阿兰王桑基邦率领。他曾经与阿提拉有过暗地勾连，被罗马人认为有通敌嫌疑，便被放在联军中间，受到左右两翼罗马军队的监控，这也导致他们的战斗士气相当低落。在阿提拉中军的猛烈攻击下，防线很快崩溃了。阿提拉没有对阿兰人穷追猛打，他转头去攻击西罗马的生力军西哥特人。在阿提拉中军的攻击下，西哥特王奥多里克被杀死在战场上。驻守在战略高地的王子托里斯蒙德立即率军前来救援，竟包围了孤军深入的阿提拉中军。

西哥特人怀着为老国王报仇雪恨的信念，不断冲击阿提拉的军阵。跟随阿提拉的东哥特人陷入了混乱，一时间阵脚大乱。阿提拉眼见西哥特人已经将他重重包围，便用战车组成环形防御圈，用强弓劲弩射杀逼近的西哥特人。在托里斯蒙德准备困死阿提拉的时候，他的好朋友埃提乌斯却决定放阿提拉一条生路。他撤走了包围他的军队，让阿提拉得以从重围中逃走。

但阿提拉却没有对放他一条生路的埃提乌斯感恩戴德。相反，他在莱茵河重新整顿了军队后，又对埃提乌斯发动了新一轮的进攻。

公元452年,阿提拉和他的大军翻越了阿尔卑斯山,进入了意大利境内。他很快攻破了埃提乌斯的防线,兵锋直指罗马城。

罗马教皇利奥一世主动出城与阿提拉谈判,愿意交出全部财物,换取阿提拉的撤军。阿提拉虽然围困了罗马城,但大军劳师远征,已经是强弩之末,他实际上已经没有攻下罗马城的信心。于是他做了一个顺水人情,答应了利奥一世的请求,在让罗马交出大量财物后,撤军了。

这次出兵意大利,阿提拉可谓收获颇丰。他不仅将意大利境内的许多繁华都市化为废墟,还得到了大量的财物。带着这些财物,他回到了自己的领地,筹划着出兵拜占庭,逼迫巴尔吉莉阿和马尔西安将拖欠的保护费重新上交。

但他还没来得及实施这个计划,就忽然暴毙而亡了。

历史记载,公元453年,阿提拉迎娶了一名叫伊笛可的日耳曼裔少女。在结婚的第二天,他却被发现死在血泊中,那位新娘却在一旁哭泣。

阿提拉死后,匈奴人悲伤异常,他们剪下自己的头发,用刀割破自己的脸颊,眼里满含泪水,围着阿提拉的遗体转圈。即便是这位匈奴人的英雄得到自己民众深切的悼念,他的事迹也被《尼伯龙根之歌》所传唱,但他的事迹与传奇对维持他留下的庞大帝国,已经没有任何作用了。阿提拉死后,那些曾经臣服在他强大军事力量下的部落和王国纷纷起来造反。他那些来自不同国家妻子所生的儿子，也因争权夺利而互相攻伐。

公元455年，阿提拉的大儿子埃拉克在尼达欧之战中被造反的格皮达人杀死，庞大的帝国迅速分崩离析。他剩下的几个儿子中，虽然也曾试图恢复他们父亲的宏伟基业，但几乎所有的尝试最后都宣告失败了。

公元468年，阿提拉的另一个儿子邓吉西齐在进攻君士坦丁堡的过程中，血洒疆场，他的小儿子也被蛮族消灭。虽然他的一些子嗣还占有一些土地，但已经沦为夹击罗马等大国间苟延残喘生存的小国。后来，这些匈奴人被崛起的阿瓦尔部落征服。

匈奴消失在历史的长河之中，虽然后来的匈牙利还有人称自己是阿提拉的后代，是匈奴的后裔，但匈牙利官方对此持否定态度。不管怎样，北匈奴的西迁，却深刻地影响了欧洲的历史，其不仅导致了罗马的分裂、衰退和消亡，也为日耳曼等民族的兴起和发展起到了关键作用。由于阿提拉的威名和战果，历史上他被称为鞭挞欧洲的"上帝之鞭"。

丝路风云

SILU FENGYUN

第八章

怛罗斯战役

东西两大帝国的军事交锋

第八章 怛罗斯战役

烽火照西京，心中自不平。

牙璋辞凤阙，铁骑绕龙城。

雪暗凋旗画，风多杂鼓声。

宁为百夫长，胜作一书生。

在数万首唐诗之中，边塞诗以其大气雄浑和自信乐观的风格，成为唐诗之中最灿烂耀眼的花朵之一。它是盛唐气象的符号，是大唐帝国开疆拓土的悠远战歌。

在盛唐的岁月里，无数的大唐将士奔赴边疆，在河西走廊，在安西，在北庭，在中亚碎叶城，在波斯高原，在中亚河谷，将这悠远的战歌一次次唱响。

天宝十年，在中亚河中之地怛罗斯，三万大唐将士在黑衣大食的数十万大军包围中，将这悠远战歌再次唱响。

【河中之地】

在汉末以后，西域只在魏晋时期，被魏国和西晋短暂地控制过。在东晋时期，中原王朝与西域的联系已经彻底断绝。隋朝建立后，凭借强大国力，开始恢复在西域的统治。

隋开皇三年，强大的突厥汗国分裂为东西两部，其中东突厥归附隋朝，西突厥则向西发展，成为称霸西域和中亚地区的强大军事力量。但在隋末农民起义和各地军阀混战之后，东突厥趁机脱离了隋朝的统治，并屡屡发兵劫掠中原边境。

李渊起兵后，一度与东突厥结盟，避免了自己腹背受敌。但在公元620年时，突厥断绝了与唐朝的盟约，双方交战，互有胜负。突厥颉利可汗即位，更是加大了对唐朝的进攻力度和频率，成为唐朝最大的威胁。

公元624年，在李世民等人的努力下，唐军终于打败了割据各地的军阀，统一了全国。但也就在这年，颉利可汗和突利可汗倾巢而出进攻唐军，在李世民的反间计下，颉利可汗和突利可汗离心离德，只能草草退兵。

李世民即位后，颉利可汗又率二十万大军直逼长安城。李世民没有弃城逃跑，他亲自率领数骑赶到城外，隔着渭水责问颉利可汗为何背弃盟约。

当时颉利可汗的大军多为骑兵，在野战中对唐军具有很大优势。但骑兵没有攻坚能力，面对城高水深的长安城，颉利可汗其实并没有攻下城池的信心。他最初的打算也是包围长安，迫使李世民求和并趁机捞一大笔战争赔款。

因此，他答应了李世民重新结盟的要求，双方在渭水边斩白马结盟。吉利可汗得到了李世民给的大量财物，他也象征性地给李世民送了马匹作为回礼，然后就撤兵回草原了。但李世民却将

第八章 怛罗斯战役

渭水之盟作为自己的奇耻大辱，时刻准备着反击突厥。他一方面励精图治，不断加强着大唐国力，一方面派兵消灭了北方边境投靠突厥的梁师都、刘武周等军阀，取得攻打突厥的前进基地。

在一切准备就绪后，李世民在贞观四年出兵攻打东突厥。整个反击计划共派出了六路大军。其中，李靖与尉迟敬德、苏定方的中路大军进攻云中和马邑地区；李世绩率东路大军进攻突厥纵深地区；柴绍与秦叔宝的西路大军负责左路进攻；李道宗负责进击西北，截断东突厥向西逃跑的通道；此外，还有卫孝节、程知节、薛万彻等武将也分别率军出征。浩浩荡荡的十万大军冲向了东突厥。

由于准备充分，加之大唐出动了几乎所有能征善战的悍将，整个战争进程唐军都比较顺利。首先是李靖大军突袭占襄城，颉利可汗慌忙率部撤退，颉利可汗的大将康苏密带着隋炀帝皇后萧氏及其孙杨政道投降了唐朝。而且，颉利可汗在率部奔逃中又连续遭到李世绩、柴绍等唐军的攻击，军队一度损失惨重。他不得已派出使者前往唐朝希望请和。李世民派了鸿胪卿唐俭率队去与颉利可汗商谈和平条件，但李靖却选择了在双方谈判时夜袭阴山，突厥军无备，损失十余万人，颉利可汗也在向西奔逃的过程中，被早就在西边等待的李道宗俘获，东突厥的领土被唐朝收纳，设置了数个都督府管辖。

在平定了东突厥后，李世民又将目光投向了西边的西突厥。

公元628年，西突厥发生了内乱，李靖趁机率军进攻了青海地区的吐谷浑，并击败了吐蕃势力，控制了河西地区。公元640年，唐军陆续收复西域的高昌、焉耆、龟兹等国。唐军向西扩张严重威胁了西突厥势力，双方在西域地区爆发了多次交锋。经过多年征战，到李世民逝世后，唐军才基本平定西域。

但西突厥的势力依旧龟缩在中亚地区，公元657年，唐高宗派苏定方率大军再次对西突厥发动了最后进攻。当年冬天，苏定方击败了西突厥木昆部，并在今天喀喇额斯河以西地区与西突厥十万大军决战。唐军战胜了敌人，并乘胜追击，在今天的塔什干地区又击败沙钵罗数万大军，将唐朝势力扩张至中亚。唐朝在这广大地区设置了安西和北庭都护府进行管辖。

在大唐帝国向西域发展的时候，在世界的另一边，阿拉伯帝国中的倭马亚王朝（白衣大食）也迅速发展，进行了大规模的对外扩张。他们在扩张过程中，向北攻打了拜占庭首都君士坦丁堡，向西先后攻占了北非、西班牙等地区，向东一度扩张到帕米尔高原。

但是倭马亚王朝在后期却陷入了严重的内乱与分裂之中。

公元750年，阿拔斯推翻了倭马亚王朝的统治，建立显赫一时的阿拔斯王朝。由于阿拔斯王朝军队使用的旗帜多为黑色，因此被称为《黑衣大食》。

阿拔斯王朝建立初期，国内形势也十分严峻，倭马亚王朝的支持者组织了许多叛乱，叙利亚地区和波斯地区也爆发了起义。面对此起彼伏的国内起义，阿拔斯王朝通过征用波斯地区的呼罗珊骑兵，才平息了叛乱和起义。这也导致了阿拔斯王朝将波斯地区看作自己的核心利益区。而要保护波斯地区，就要守卫住河中地区，确保这一地区的势力掌握在自己手里。

实际上，在阿拔斯王朝凭借波斯地区的军力平息叛乱后，就已经向河中地区不断渗透。

河中地区是指今天乌兹别克斯坦和哈萨克斯坦南部的区域。自汉朝以来就是陆上丝绸之路的重要通道和中枢，它是东西文明交汇之地，也是东方帝国进入中亚、西亚和西方势力进入东方的屏障之地。在阿拔斯王朝建立之前，河中地区属于波斯帝国的统治区域。后来，该地区又先后被白匈奴和突厥势力所统治。在李世民的打击下，东突厥和西突厥势力已经成为明日黄花，河中地区也因为西突厥被消灭而再度成为东西各大强权势力的争夺对象。

在东方，除了大败西突厥后进入中亚地区的唐朝以外，强势崛起的吐蕃王朝也对河中地区虎视眈眈。但此时的吐蕃还没有足够的力量去占领相对遥远的河中地区，而唐朝在建立西域四镇后，也没有继续向西发展的野心。

当时，阿拉伯帝国正在进攻萨珊波斯，波斯国王亚兹德格尔德三世曾多次向唐朝求援，但唐太宗拒绝了他的请求。

公元651年，亚兹德格尔德三世兵败被杀。他的儿子末代王子卑路斯率领残部一路东逃，在吐火罗地区部族武装的帮助下，一度向阿拉伯人进行了局部反击，但唐朝依旧拒绝与阿拉伯（大食）作战。

公元661年，唐高宗派遣使者进入中亚，在今天的阿富汗地区建立波斯都督府，册封卑路斯为波斯王，以及波斯都督府都督。卑路斯以此为根据地，积极扩军增强实力，发动了一次又一次的复国之战，但由于没有得到唐朝军队的直接支援，卑路斯十多年的复国运动以失败告终。公元675年，卑路斯眼见复国无望，便去了长安，高宗封其为右威卫将军，最终病死长安。

实际上，当时的唐朝和阿拉伯帝国直接冲突，更多的是希望让河中地区成为东西两大帝国的缓冲地带。因此，面对河中地区小国的求援时，唐朝往往是通过册封他们为唐朝都督或者附属国的形式予以支持。为了巩固这一地区的战略缓冲地位，唐朝对突厥的残余势力突骑施采取了扶持政策，突骑施的骑兵也在很长时间内成为阻挡阿拉伯帝国向东渗透的主力。

后来，突骑施衰落，另一支突厥势力葛逻禄部成为河中地区的新势力，成为唐朝阻挡阿拉伯东扩的新力量。

第八章 怛罗斯战役

【屠掠石国】

石国是西域古国之一，位置大概在今天乌兹别克斯坦一带。在唐高宗继位后，石国成为唐朝的附属国。在苏定方追击阿史那贺鲁部落时，石国坚定站在唐朝一边，将逃入石国的阿史那贺鲁首领抓住后交给了唐军。

但后来石国却因高仙芝与唐朝结下了血海深仇，成为中亚反唐急先锋。

高仙芝是高句丽人，将门之后。他年少时期就随父亲高舍鸡到西域从军，被授予游击将军。因为军事才能出众，高仙芝一路高升，20岁时便被封为将军，后来又任安西副都护、四镇都知兵马使。公元747年，唐玄宗派遣高仙芝为行营节度使，率军征讨葱岭附近的小勃律国，一战灭其国，威震西域。他也成为唐朝在西域地区的代言人和实际掌权者。他一度被阿拉伯和吐蕃称为山地之王，一时间风光无限。

但高仙芝身上的骄横跋扈的缺点也逐渐显现出来，加之当时西域各国归附，无仗可打，高仙芝也失去了靠战功继续晋升的途径。于是，他时刻都在思考着如何创造战机，再打胜仗，再加官晋爵。

公元750年，因为当时石国国王没有像其他西域小国国王一样奉承高仙芝，高仙芝便以石国"无藩臣礼"为由，带领2万西域镇兵前去攻打石国。石国国王那俱车鼻施看到数万唐军围城，只得出城投降。但高仙芝却在那俱车鼻施出城谈投降条件的时候，指挥大军趁机杀进了城，俘虏了那俱车鼻施和他的家属。石国当时是西域比较富裕的国家，高仙芝便纵兵掠夺，甚至屠城，石国老幼被杀无数。

为了表功，高仙芝亲自押解石国国王前去长安邀功，甚至在回长安的途中为了扩大战功，他又称突骑施反叛，率军将突骑施可汗移拨俘虏，一并押送长安。

公元751年，高仙芝到达长安，将俘虏的突骑施可汗、吐蕃酋长、石国王、揭师王等献给玄宗，玄宗认可了高仙芝的战功，封其为开府仪同三司。后来玄宗通过他人得知了高仙芝污蔑西域小国反叛，借攻打这些小国积累军功的底细。但俱车鼻施、移拨可汗都被他下旨斩杀，木已成舟，他也只有包庇高仙芝，让其改任右羽林大将军。

但玄宗没想到的是，高仙芝屠掠石国和攻打突骑施的行为，引起了西域各国的极大不满。而侥幸出逃的石国王子在逃向呼罗珊时，沿途散播高仙芝和唐军的暴行。这导致河中地区那些处在大食和唐朝之间的国家，纷纷投靠大食。公元751年，在唐玄宗斩杀了俱车鼻施、移拨时，中亚河中地区的重要势力粟特城邦投靠了黑衣大食，而黑衣大食看到河中地区诸国纷纷归附，便有了向河中地区扩张的意图。

而高仙芝回到西域后，也得知了石国王子想借大食力量复国报仇的消息。一方面，他劫掠屠杀石国的事件已经被玄宗所知，只是碍于面子没有处罚他。另一方面，他的暴行在西域和中亚造成了恶劣影响，为了重建权威，他只能用战争去实现这一目的。

【决战怛罗斯】

出兵河中地区，高仙芝多少有些意气用事，大唐在整个西域地区的安西兵也就三万多人，与阿拔斯王朝动辄数十万的大军相比，高仙芝在兵力上处于绝对劣势。而被他征调的葛逻禄和拔汗那等部落也因为石国事件心怀不满，预谋反叛。

但先前光辉的战绩和唐军先进的武器给予了高仙芝远征的信心。于是，这位山地之王集中了两万镇兵，并要求葛逻禄和拔汗那等部落也派出上万军队参与远征河中地区。他要击败所有对他不满的小国，甚至是庞然巨物的大食。

公元751年七月，高仙芝的三万远征军到达河中地区的重镇怛罗斯（今天哈萨克斯坦的塔拉兹），却发现这座城市已经被大食军队占领。在《创世与历史》一书中记载，黑衣大食在得到高仙芝进兵消息后，就派遣塞义德·本·侯梅德率军疾驰到怛罗斯，加强城防，拖延时间。后来的战况证明侯梅德完成了上级给予的任务，他将高仙芝的三万大军拖在怛罗斯数日。高仙芝虽然包围了怛罗斯，并挥师攻城。但怛罗斯守军异常顽强，唐军一时间也无法攻克城池，形成了僵持局面。很快，大食的援军就到达了怛罗斯。高仙芝不得不放弃对怛罗斯城的攻击计划，转而与庞大的大食军队进行野战。

对与唐军在怛罗斯进行野战的大食军队的数量，史学界一直争论不休，形成两种截然不同的观点。一种观点是大食人的军队比唐军少，是以劣势兵力对抗优势唐军。持这种观点的学者认为，当时黑衣大食的常备军只有六万人，而波斯地区的呼罗珊军团又被抽调到西边镇压叛乱，能在短时间内增援怛罗斯的军队不会超过两万人。另一派学者则认为，黑衣大食在怛罗斯附近的波斯地区有大量的呼罗珊民兵和附属国兵源可以征调，因为，从公元667年黑衣大食势力进入河中地区开始，已有十余个国家成为黑衣大食的附属国，高仙芝屠掠石国事件后，应该还有更多的河中小国倒向黑衣大食。因而，他们认为黑衣大食和属国联军达到了20万，远远超过唐朝军队。在中国文献的记载里，多数倾向于大食军队在15~20万间。

对于这场战争的具体经过，许多史书描写甚为简略。相比之下，《旧唐书》的记载较为详细：初，仙芝给石国王约为和好，乃将兵袭破之，杀其老弱，虏其丁壮，取金宝瑟瑟驼马等，国人号哭，因掠石国王东，献之于阙下。其子逃难奔走，告于诸胡国。群胡忿之，与大食连谋，将欲攻四镇。仙芝惧，领兵二万深

第八章 怛罗斯战役

入胡地,与大食战。

后来的《资治通鉴》《新唐书》等史书也对这场战争进行了记载。通过这些记载,我们大约可以窥见1200多年前河中地区那场东西两大帝国间惊心动魄的大战。

在那个艳阳高照的清晨,唐军在主将高仙芝、副将李嗣业的带领下,沿着塔拉兹河摆下军阵。而河对岸,则是黑衣大食阿布·穆斯林和齐亚德率领的阿拉伯援军。

在军队实力方面,唐朝安西镇兵是唐军精锐,尤其是副将李嗣业的陌刀兵,更是大食骑兵的噩梦。根据《唐六典》等史籍记载,陌刀是一种在汉代斩马刀基础上发展来的长刀,使用者都是装备精良的精锐步兵悍将。《旧唐书》对李嗣业使用陌刀有专门记载,"天宝初,随募至安西,频经战斗,于时诸军初用陌刀,咸推嗣业为能。""嗣业乃脱衣徒搏,执长刀立于阵前大呼,当嗣业刀者,人马俱碎,杀十数人,阵容方驻。前军之士尽执长刀而出,如墙而进。"[1]

同时,唐军在弓箭和铠甲上也明显优于大食军队。但唐军是千里远征,后勤物资转运困难,也没有援军,随同作战的两个附属国也貌合神离,这些都为唐军的战斗结局埋下了巨大隐患。

在史书的记载中,高仙芝按照唐军经典战术,将唐军分为前后两队,最前面是长矛手,其次是弓箭兵和强弩,然后是陌刀

---

[1] 刘昫:《旧唐书》,北京:中华书局,1975年,卷一百二十。

队。在两翼是唐军负责掩护的六千骑兵，而葛逻禄的骑兵作为预备队被安置在左侧。战斗力最弱的跋汗那被安排看守大军的辎重和粮草。

与唐朝将最精锐军队放在一线不同，黑衣大食一线基本是河中地区和花剌子模民兵，他们被用于消耗唐军的第一波进攻。而处于第二排的是大食和波斯地区的步兵，他们使用长矛，盾牌和斧子作战。第三排则是大食和波斯地区最强悍的轻甲和重甲骑兵。

双方展开后基本使用强弓硬弩互射，但唐军的甲胄和弓弩的装备数量和质量都远远高于大食军队。因而，在互射中，大食军队伤亡惨重。

千里远征最怕长期消耗，高仙芝要想取胜，只能选择主动进攻。因而，高仙芝指挥三万唐军渡过了塔拉兹河，向大食军队发起了猛攻。密集的箭雨在唐军步兵发起冲锋前就将大食军队的一线炮灰军团杀伤大半，还没等他们重整队形，唐军的长矛和陌刀兵已经冲锋到眼前。一顿劈杀，唐军便冲破了大食的第一道防线。在第二道防线，唐军精锐步兵遇到了大食的精锐步兵，双方展开了激烈而血腥的大混战。高仙芝为了尽快突破大食中军，派出了唐军为数不多的重甲骑兵，这些人马具甲的重装骑兵．迅速碾压了和唐军步兵混战的大食步兵，但却在第三道防线撞上了大食精锐的重甲骑兵。大食在马匹和骑兵数量上都优于唐军。

因而，大食的重甲骑兵不仅成功挡住了唐军重甲骑兵，还展开了异常凌厉的反击，幸好唐军的陌刀兵迅速上前，挡住了大食重甲骑兵的反击。眼看中路反击无望，大食骑兵开始向唐军防守薄弱的右翼发起了进攻。但这些骑兵遭到了唐军暴风骤雨般的弩箭射击，冲到跟前又遭到唐军长矛手和战车的阻挡，伤亡惨重，但依旧没有突破唐军右翼，反而遭到唐军合围。大食军队眼看右翼突破无望，又调集上万军队攻击唐军左翼，又遭到了左翼唐军骑兵的反击，唐军一千二百名骑兵甚至在反击中冲破了大食右翼第一道防线。

但高仙芝没有选择在两翼突破，而是继续向呈胶着状态的中军增派援军。但中路集结着大食军队的数万预备队，他们以逸待劳，而唐军在突破大食军队前两道防线的过程中已经磨尽了所有力气。在唐军增兵中路后，大食的精锐预备队也投入了战斗，双方在塔拉兹河畔展开了激烈厮杀。唐军的陌刀队排墙而进，一时间勇不可当。大食军队则选择继续向唐军侧翼包抄，唐军已无预备队，高仙芝不得不将六千葛逻禄骑兵派上了战场，两支骑兵展开血战。葛逻禄逐渐不支，幸好唐军数百骑兵前来支援，方才稳住防线。但葛逻禄在这场对决中损失了大量骑兵，伤亡惨重。双方不得不选择停战修整。

随后几天，双方又进行了几次交手，都和第一日的交战一样互有胜负。

这种情况一直持续到战斗的第五天，那一天，唐军的盟友葛逻禄人反叛了。他们提前与大食人商谈好了条件，在得到大食人许诺的土地和钱财后，葛逻禄人战场反水。他们袭击了唐军的投石车和重弩部队，使得唐军阵脚大乱。大食军队趁机发动全线进攻，唐军陷入重围。高仙芝在混乱之中只得率数千人突围，一路向东奔逃。

对于奔逃的过程，《旧唐书》也进行了详细记载：

仙芝大败。会夜，两军解，仙芝众为大食所杀，存者不过数千。事窘，嗣业白仙芝曰："将军深入胡地，后绝救兵。今大食战胜，诸胡知，必乘胜而并力事汉。若全军没，嗣业与将军俱为贼所虏，则何人归报主？不如驰守白石岭，早图奔逸之计。"仙芝曰："尔，战将也。吾欲收合余烬，明日复战，期一胜耳。"嗣业曰："愚者千虑，或有一得，势危若此，不可胶柱。"固请行，乃从之。路隘，人马鱼贯而奔。会拔汗那兵众先奔，人及驼马塞路，不克过。嗣业持大棒前驱击之，人马应手俱毙。胡等遁，路开，仙芝获免。[1]

逃到白石岭后，高仙芝整顿军队，返回了龟兹，向玄宗汇报了战况，并上书请罪。玄宗并没有过多责备高仙芝，而是将他调入了朝廷。他的副手封常清则取代了他的位置，坐镇西域。惊天动地的怛罗斯之战落下了帷幕。

---

[1] 刘昫：《旧唐书》，北京：中华书局，1975年，卷一百九。

第八章 怛罗斯战役

怛罗斯之战结束后,取得大胜的黑衣大食如愿夺取了河中地区,控制了粟特城邦,但并没有选择继续进攻唐朝。因为他们知道,这场战争若不是葛逻禄反叛,他们也不会取胜,战争中唐军展现出的军事素养让他们胆战心惊。更为重要的是指挥大食军队取得这场战争胜利的阿布·穆斯林和齐亚德·伊本·萨里不久之后因为功高震主而被处死,引发了大食内部的叛乱。而唐朝安西军在封常清上任后很快得到了恢复,在怛罗斯之战后的两年,封常清带着恢复实力的安西军征服了大勃律国,将唐朝的疆界推到了最西边。而黑衣大食也在战后很快派出使者与唐朝讲和,维持了双方友好关系。

但黑衣大食俘虏的一万多唐军,则深远地影响了东西文明的交流进程。在史料的记载中,被大食人俘虏的一万多唐军被带到了巴格达,他们中的许多工匠将造纸术、投石车等技术传入了阿拉伯地区,后来又经阿拉伯传入欧洲,深远地影响了世界文明发展进程。

这批俘虏中有一个叫杜环的人,他是著名史学家杜佑的族侄,先后被大食人带到撒马尔罕、亚俱罗、非洲等地,全面考察了中亚、西亚、非洲当时的情况。在游历了十余年后,他在公元762年跟随阿拉伯商船从海上丝绸之路回到了广州。回国之后,他将12年的异域之行写成了《经行记》一书,成为当时中国记录中亚、西亚和非洲情况的重要著作。但非常可惜的是这本书原著没有留下来,今天我们只能在《通典》中看到一千多字的片段。在这些片段中,杜环对当时中亚、西亚和非洲的宗教进行记载,即大食法、寻寻法和大秦法。其中,大食法就是伊斯兰教,杜环在书中如此记载这一宗教文化:

其大食法者,以弟子亲戚而作判典,纵有微过,不至相累。不食猪狗驴马等肉,不拜国王父母之尊,不信鬼神,祀天而已。[1]

寻寻法即当时波斯地区的国教拜火教,后来传入中国称为明教。而大秦法则是当时的基督教,当时的传教士多以医生的职业身份进行传教,杜环对此也有记:

其大秦,善医眼与痢,或未病先见,或开脑出虫。[2]

更为重要的是,杜环可能是第一个到达非洲又返回中国的中国人。他《经行记》中记载了一个叫"摩邻国"的国度,"在勃萨罗国西南,渡大碛,行两千里至其国,其人黑,其俗犷,少米麦,无草木,马食干鱼,人沧鹘莽。鹘莽即波斯枣也。瘴疠特甚。"后来有学者考证,"摩邻国"可能就是今天的摩洛哥一带或者红海西岸一带。但不管是何处,都处于今天的非洲大陆。因而,杜环无意中成为第一个对非洲情况进行记录的中国人,不知不觉间为中国历史文献做出了巨大贡献。

---

[1] 杜环:《经行记》,北京:华文出版社,2017年,第23页。
[2] 杜环:《经行记》,北京:华文出版社,2017年,第23页。

丝路风云
SILU FENGYUN

第九章

最后的西域

万里一孤城，尽是白发兵

第九章 最后的西域

一千两百年前，茫茫的西域土地上，一座孤城屹立在漫天大雪中。满头白发的大唐将士握紧手中锈蚀的长枪，举起斑驳的陌刀，与登上城墙的敌军进行了最后一战。盔甲崩裂，头颅飞向了天空。在他们最后的意识里，想起了西域的明月，还有模糊了的大唐长安。那些想念那么无力，也那么痛苦。因为，那天他们坚守的大唐龟兹城陷落了。那是大唐在西域最后的城池，那是他们坚守了一生的家。

【帝国蒙难】

在公元755年那个无比寒冷的冬天，大唐帝国的统治者唐玄宗和心爱的女人杨贵妃还在长安华清池泡着舒适的温泉，而他最信任的武将安禄山在今天北京西南的范阳，以"忧国之危"和奉密诏讨伐杨国忠为借口，起兵造反了。

当时，安禄山是范阳、平卢、河东三地节度使，掌握着唐朝在东北地区最精锐的十五万边防军。这十五万边军在安禄山的带领下，一路势如破竹，迅速渡过黄河，很快就占领了荥阳与洛阳。守卫京师的部队一溃千里，根本无法与之交锋。

唐初，唐朝中央政府实行内重外轻的军事部署，保卫中央的军队不仅数量远远多于边军，而且军队的质量和装备也远远高于守卫边境的军队。但在唐玄宗时期，随着大规模的开疆拓土战争，唐朝将边军作为建设的重点，西北边军和东北边军的数量和质量都远远超过了中原军队，成为唐朝时期战斗力最强的军事力量。天宝年间，唐朝的边军数量就达到了五十万，而且唐朝将许多勇猛善战的少数民族战士和将领充实到边军之中，使得边军实力进一步增强。唐玄宗为了进一步提高边境军事力量，还设置了节度使，节度使拥有很大的权利，成为一方霸主。如深受玄宗信任的安禄山就一人身兼平卢、范阳、河东三镇节度使，手下有精兵强将二十余万。相比之下，唐王朝中央军队只有区区不到八万人，且多为市井之徒，毫无战斗力可言。安禄山也正是看到了唐朝这种外重内轻的军事部署，才敢起兵造反。

唐玄宗听到安禄山造反的报告后，还是不愿意相信他最信任的安禄山造反了。直到接连而至的战报送到面前，他才急召大臣商讨对策。

唐玄宗知道在中央朝廷过惯了安逸生活的将领早已不是久经沙场的安禄山的对手，于是他大量启用了西北边军的将领率军平叛。

他任命安西军事长官封常清任范阳、平卢节度使，着力防守东都洛阳。同时，任命封常清的老上级，刚和黑衣大食在中亚怛罗斯进行了一场大战，败退归来的高仙芝为副元帅，在元帅荣王李琬的带领下进行东征。

第九章 最后的西域

当时唐朝西北边军大多还在西域和中亚地区，一时间没法赶回。高仙芝和封常清只能在长安和洛阳招兵。但在长安和洛阳地区招到的兵多是新兵，缺乏训练，更缺乏实战经验。因而，这批新兵在与安禄山久经战争的边军一交锋，就迅速败下阵来。安禄山比较顺利地攻下了东都洛阳城。

高仙芝和封常清不得不退守潼关，依靠坚固城池进行防守。高仙芝和封常清都知道，依靠手底下刚刚招募的新兵无法与安禄山的边军进行野战，只有依靠固守城池，才能阻挡安禄山对长安的进攻。

但当时的监军边令成与高仙芝之间有矛盾，就向唐玄宗诬陷高仙芝在潼关避战不出，意图不轨。因为高仙芝和安禄山都是胡人将领，唐玄宗便让边令成杀了高仙芝和封常清，又启用赋闲在家的哥舒翰为兵马副元帅，镇守潼关。哥舒翰和高仙芝一样，面对一帮几乎没打过仗的新兵，他也只能闭关自守。

安禄山见无法攻下潼关，便实施了诱敌之计。派出老弱残兵到关前挑战，意图引诱哥舒翰出关野战。哥舒翰毕竟是久经沙场的老将，一眼便看出了安禄山的阴谋。但远在长安的玄宗却成功被安禄山的诱敌之计给欺骗了。他派使者命令哥舒翰出关击敌，哥舒翰痛哭辩解，依旧无效。最后，他只能率军出关。唐军在灵宝一带中了安禄山军的伏击，二十万唐军，逃回潼关的不到万人。潼关兵少，哥舒翰不得不放弃潼关，前往关西驿一带收拢散兵，以期再战。但计划还未实行，他就被叛将火拔归仁抓住交给了安禄山。

安禄山经此大胜，成功夺取了天险潼关，于是向长安开进，并在天宝十五年占领长安。玄宗不得不带上杨贵妃逃亡四川。在马嵬坡驻扎期间，大将陈玄礼带兵逼玄宗杀了杨国忠和杨贵妃。而逃往灵武的太子李亨在朔方将领的帮助下即位，改元至德，被称为唐肃宗，奉逃亡四川的玄宗为太上皇。唐肃宗即位后，便封朔方节度使郭子仪为兵部尚书，封李光弼为户部尚书，率军平叛。郭李二人击败了安禄山部将史思明，收复了河北的许多失地。

安禄山在战争前期尚奋发有为，但在洛阳称帝后，他便深居简出，后又双眼失明。公元757年，安禄山被其子安庆绪联合宦官谋杀。后来，安禄山的部将史思明又反叛了安庆绪降唐，后又叛唐。公元758年，郭子仪、李光弼等九位节度使率大军包围了在邺城的安庆绪，但由于没有统一指挥，唐军受惊于一场大风，纷纷溃散，史思明得以重新占领洛阳。

后来，史思明势大，杀了安庆绪，自立为"大燕皇帝"，后又被其子史朝义所杀，叛军发生大规模内讧。

公元762年，唐代宗继位，调集安西精锐，并联合西部回纥以及黑衣大食等兵力进攻叛军，于公元763年彻底击败了叛军，结束了这场历时七年的战争。但经过这场惊天巨变，大唐已不复往日之荣光。更为严重的是，安史之乱使唐朝将西域精锐镇兵内调参加平叛，大大削弱了西域的统治力量。

在史料的记载中，唐朝中央政府对西域兵马内调的记录比比皆是。如太子李亨在灵武即位后，就命令安西节度副使李嗣业和段秀实带五千精兵前往内地平叛。后来，北庭都护府的马璘也率军前往内地（德初，王室多难，璘统甲士三千，自二庭赴于凤翔。肃宗奇之，委以东讨），安西行军司马李栖筠又率精锐七千前往凤翔。唐朝甚至还传檄西域和中亚各属国出兵，其中拔汗那、于阗等西域属国也应肃宗的要求率领精锐骑兵入关作战。

安西和北庭的兵力内调平叛，造成了唐朝在整个西域地区的兵力极度空虚。但好在被大量抽调兵力的安西都护府周围的势力都没有趁火打劫，相反，还积极帮助唐朝中央政府平叛。比如，数年前刚和大唐在怛罗斯进行大战的黑衣大食就以盟友的身份派遣四千骑兵进入中原，参加了唐朝收复两京的战斗。吐火罗、回纥等国也派兵帮助唐军作战，特别是回纥的精锐骑兵，在唐军收复洛阳和长安的战斗中都起到了非常重要的作用。

但处在西域南边的吐蕃王朝则趁着安史之乱，大肆侵占河西走廊。

据《资治通鉴》记载，公元763年，吐蕃军队趁机占领了河西、陇右的大部分地区，唐朝的兰、河、廓、洮、都、岷、秦、渭、成等州都成为吐蕃属地。[1]

相比于河西地区的危机，唐朝的安西地区则要稳定许多，黑衣大食没有趁机东扩，中亚和西域国家也紧密地团结在安西都护府周围。《旧唐书》记载，在河西被吐蕃截断后，唐朝在北庭留守的是李元忠，留守安西都护府的是郭昕。当时，安西和北庭依靠回纥等势力保护，成功抵挡了吐蕃的进攻，甚至在河西战事危急时，还派出援军救援河西。但随着吐蕃军队彻底截断河西走廊，西域地区与唐朝中央政府彻底失去了联系。

【大唐飞地】

公元764年，曾经在平定安史之乱中立下不世之功的唐将仆固怀恩造反，还勾结吐蕃、回纥等势力进攻长安。当时，唐朝河西节度使杨志烈率军攻打仆固怀恩老巢灵武，迫使仆固怀恩撤兵，解了长安之围。但这一仗也使得唐朝在河西的兵力几乎损失殆尽。节度使杨志烈也在赶赴北庭征兵的过程中被人刺杀身亡。杨志烈不仅是河西节度使，也是整个唐朝当时在西域的支柱。他的身亡对唐朝在西域的统治造成了很大影响，唐朝急需派人前往河西稳定局势和人心。

公元765年，郭子仪给皇帝上书，"请遣使巡抚河西及置

---

[1] 司马光：《资治通鉴》，北京：北京联合出版公司，2016年，卷二百二十三。

凉、甘、肃、瓜、沙等州长史。上皆从之。"

公元766年，朝廷派遣了郭子仪同母弟郭幼明的儿子郭昕前往西域巡抚慰问将士。《旧唐书》对郭昕和他的父亲郭幼明有清晰记载：

> 幼明，尚父子仪之母弟也。性谨愿无过，不工武艺，喜宾客饮宴，居家御众，皆得其欢心。以子仪勋业，累历大卿监，大历八年卒，赠太子太傅。子昕，肃宗末为四镇留后。自关、陇陷蕃，为虏所隔，其四镇、北庭使额，李嗣业、荔非元礼皆遥领之。昕阻隔十五年，建中二年，与伊西北庭节度使李元忠俱遣使于朝，德宗嘉之。[1]

从这一段记载中，我们可以了解到郭昕的父亲不是武将出生，但因为郭子仪的关系也做到了大卿监等大官。作为郭子仪的亲侄子，自然也受到了朝廷的重用，成为西域四镇留后（四镇实际最高长官），承担起保卫大唐西域的重任。

吐蕃截断了河西走廊后，并没有立刻对西域采取直接军事进攻。一方面是西域地区的财富远远没有中原地区丰富，另外就是西域地区还驻扎着数万战斗力异常凶悍的安西军。但随着河西地区逐渐被吐蕃占领，西域也彻底与唐朝皇庭失去了联系。同时，吐蕃也对西域的安西军不断发动诱降。

但唐朝的西域守军从不为所动，在极其险恶的政治军事环境

---

[1] 刘昫：《旧唐书》，北京：中华书局，1975年，卷一百二十。

中艰难自守。为了筹措军费，稳定局势，郭昕在西域地区自行铸造了钱币"大历元宝"，成为这支孤军坚守大唐飞地，艰难自守的明证。

1860年，清代画家、官员戴熙在杭州防守太平军的进攻，当时太平军势大，他知道城破在所难免，于是将自己的字画和收藏都埋在了杭州，里面有一枚比较罕见的大历元宝。后来城破，戴熙投水而死，那枚大历元宝也随着他的死而淹没在历史尘埃之中。

1992年，在今天的新疆库车一带出土了数千枚大历元宝，使得这一罕见钱币成为学界研究热点。专家发现，在出土的大历元宝中，钱币制作比较粗劣，无论是文字还是规范性都不强。而且，大历元宝是中国最早的年号元宝钱，据考证其存在于公元766至779年间，这些钱币出土的库车是当年安西唐军的主要驻地，也进一步证明了这批钱币是当时安西唐军在与唐朝皇廷失去联系后，自行铸造的钱币。而随着这批大历元宝的出土，也揭开了一场尘封了上千年的坚守之战。

"大历"是唐代宗的年号，在安西军被围困后，代宗曾秘密派遣使者绕道前往西域，慰问孤悬在外的安西军。他的慰问诏书被收录在《唐大诏令集》一书《谕安西、北庭诸将制》一节中：

往以蕃戎并暴，纵毒边表，乘衅伺隙，连兵累年……实五京、二庭存亡危急之秋也。河西节度使周鼎、安西北庭都护曹令忠、尔朱某等，义烈相感，贯于神明，各受方任，同奖王室……

战士致命，出于万死……不动中国，不劳济师。横制数千里，有辅车首尾之应。以威以怀，张我右掖，棱振咸于绝域，烈切于昔贤。微三臣之力，则度隍逾陇，不复有汉矣。每有使至，说令忠等忧国勤王，诚彻骨髓，朝廷闻之，莫不酸鼻流涕，而况于朕心哉！遐想勤劳，耿叹何已。或恐凶丑狡谲，反复离间，妄说国难，摇动人心。今所以疏其事实一一相报。[1]

通过这则史料，我们可以推知，郭昕在得到唐代宗这份慰问信的时候，是何等的激动。后来他们在铸造的钱币的时候选择使用"大历"年号，也是基于此。但在大历末年，吐蕃与回纥争夺北方丝路通道，唐朝皇廷和西域之间连密使的往来都中断了。西域也彻底和唐王朝失去信息联络。后来出现了西域军民在唐德宗建中年间还在使用代宗大历年号的现象。

实际上，一直等了十多年，郭昕实在等不下去了，他派了许多使者通过回纥企图联系大唐皇廷。公元781年，他派出的一队使者历经千辛万苦，终于达到了长安。本以为安西和北庭早已经被吐蕃攻陷了的德宗和大臣听到西域将士仍然坚守在西域，大唐西域的安西与北庭都护府还在时，莫不痛哭流涕。感动之余，德宗对整个西域将士进行了加封，封李元忠为北庭大都护，郭昕为安西大都护，而所有坚守西域的将士都连升七级。《资治通鉴》《旧唐书》《唐大诏令集》《唐会要》等都记载了这一事件。如

---

[1] 宋敏求编:《唐大诏令集》，北京：中华书局，2008年。

《资治通鉴》就曾记载：

建中二年，北庭、安西自吐蕃陷河、陇，隔绝不通，伊西北庭节度使李元忠、四镇留后郭昕帅将士闭境拒守，数遣使奉表，皆不达，声问绝者十余年。至是，遣使间道历诸胡自回鹘中来，上嘉之。秋，七月，戊午朔，加元忠北庭大都护，赐爵宁塞郡王；以昕为安西大都护、四镇节度使，赐爵武威郡王；将士皆迁七资。[1]

此时的唐朝虽然已经有了一点起色，但已经丧失了全面进攻吐蕃，收复河西的实力。因而，除了对西域将士进行口头封赏外，德宗已经不能再为他们提供其他帮助了。

而且，在郭昕派使者联系到唐朝皇廷两年后，唐将朱泚反叛，率军攻占了长安。德宗为了平叛，无奈以划割泾、灵等四州以及安西、北庭等西域地区为条件向敌人吐蕃借兵。德宗知道当时吐蕃迟早会攻占西域，与其让坚守西域的将士战死，还不如借此将他们接回来。因而，唐德宗在吐蕃的谈判中，就反复提到要将划割地区的大唐将士和居民迁移回中原。希望那些在大唐飞地坚守了十余年的将士与百姓能"递相慰勉，叶力同心，互相提摘，速图近路，复归乡井，重见乡亲"，并答应他们"如有资产已成，不愿归此，亦任便住，各进所安"（《全唐文》《慰问四镇北庭将士敕书》）。

---

[1] 司马光：《资治通鉴》，北京：北京联合出版公司，2016年，卷二百二十七。

但大臣李泌上书反对德宗这种放弃领土的行为，并分析了西域的"安西、北庭，人性骁悍，控制西域五十七国及十姓突厥，又分吐蕃之势，使不得并力东侵"，是大唐牵制吐蕃的重要力量。加上吐蕃并没有真心实意要帮助德宗平叛，因而，德宗最终以吐蕃没有履行帮助唐朝平叛为由，拒绝了将西域交给吐蕃。这次谈判破裂后，参加谈判的唐朝大臣沈房趁机在谈判结束后，前往西域，代表唐德宋宣慰安西和北庭的将士。并敕封郭昕为四镇节度使，加授尚书左仆射，在北庭留守的李元忠也被封为右仆射。

李元忠本名为曹令忠，后来因功勋卓著，被赐姓李，赐名元忠。他原本是北庭节度观察，后来又任北庭大都护。因为北庭处在与回纥以及吐蕃的夹缝中，李元忠就主张联结回纥共同对抗吐蕃。

早在公元764年（唐代宗广德二年），郭子仪就代表唐朝与回纥进行结盟，相约共同对付吐蕃，史称彭原之盟。公元788年，回纥可汗遣使到唐朝请求与唐朝和亲。那一年，唐朝咸安公主出塞，前往回纥和亲，标志唐朝与回纥正式结为亲密盟友，西域可以借道回纥与唐王朝进行联络，而且回纥直接派兵帮助唐朝固守与之接壤的北庭都护府，大大减轻了西域留守唐军的压力。

吐蕃看到唐朝与回纥结盟后，在789年发动了对北庭都护府的进攻。北庭军势单力薄，只得向刚结盟的回纥求援。回纥可汗立刻派大相颉干迦斯率军救援，颉干迦斯由漠北向西，在横口与吐蕃军队相遇，双方发生大战，回纥军队战败。更为严重的是，亲唐的回纥可汗被暗杀了，颉干迦斯只得率军赶回。790年，吐蕃联合葛逻禄、白服突厥等部落，向北庭发动了最后进攻，北庭节度使杨袭古兵败，带着剩余二千余人逃往西州。《新唐书》对此次事件进行了记载：

六年春，旱。是岁，吐蕃陷北庭都护府，节度使杨袭古奔于西州。[1]

第二年，不甘心失败的颉干迦斯与西州的杨袭古联合反攻北庭，但又再次败于吐蕃军队。《旧唐书》载：

七年秋，(回纥)又悉发其丁壮五六万人，将复北庭，仍召杨袭古偕行，俄为吐蕃、葛逻禄等所击，大败，死者大半。[2]

而兵败的颉干迦斯与杨袭古在逃往回纥后，都被杀害。

公元793年，回纥怀信可汗阿跌骨咄禄又策划了一次收复北庭的军事行动。这次，回纥可汗亲自带兵亲征，一举收复了北庭。

但公元803年，吐蕃军队再次攻陷了北庭都护府，并一举攻占了唐朝在西域除安西都护府外的西域土地。郭昕将安西所有防守兵力收缩在重镇龟兹，准备与吐蕃进行最后一战。

---

[1] 欧阳修，宋祁：《新唐书》，北京：中华书局，1975年，卷七。
[2] 刘昫：《旧唐书》，北京：中华书局，1975年，卷一百九十六下。

【白发龟兹】

攻陷了北庭后,吐蕃开始围攻唐朝在西域最后的据点——龟兹城。

龟兹是安西都护府的治所。公元657年,大唐苏定方灭掉西突厥后,便将安西都护府治所迁到高昌,后来又迁到龟兹。这座城市逐渐成为安西四镇的固定治所。唐朝也在此进行了大规模建设,到郭昕驻守时,龟兹已经成为一座异常坚固的城池。

但是经过数十年的坚守,郭昕和他手下的安西将士已经成为白发老人。面对十余万精锐的吐蕃军队,他们没有选择退缩,老弱妇孺都选择拿起武器上城防守。唐朝中央政府已经不能再给他们任何支援,但盟友回纥人还是提供了力所能及的支援和帮助,这使得郭昕和他的老弱之兵能在龟兹继续坚守了数年。

最后的决战在公元808年打响。那一年,凛冽的寒风从东刮到西,又从西刮到东,郭昕带着数千仅存的大唐安西将士伫立在龟兹城头,冒着苍茫大雪,迎战十余万吐蕃大军。

此时的郭昕一定想起了曾经那些金戈铁马的岁月,想起了自己当年远赴河西时,心中的理想与壮志。如今,岁月已经过了五十余载,大唐的皇帝都换了六位,他已经很久没有家里的消息。最后听到家里的事还是七年前,当时吐蕃攻陷麟州,他的侄子麟州刺史郭锋战死。

现在，他回望着城墙上那些跟随了他几十年的将士，心中感到平静如初，内心感叹：我们为大唐守土到最后一刻了，我们尽忠了！

想到此处，他拔出宝剑，用苍老的声音发出最后的怒吼，带着安西将士与冲上城池的敌军进行了最后一次拼杀。

刹那间，鲜红的血液与北地的圣洁大雪融合在一起，小小的龟兹城上杀声震天，安西将士的陌刀砍缺了，宝剑折断了，他们没有任何人退缩，全部战死在了城墙上。

如今，我们重新回顾这段历史，白发龟兹的故事依旧让我们感到悲壮欲泣。五十三载的坚守，数千人的衷心之血永远地洒在这片土地之上，融入了这坚实的土地。或许，他们只是死去，从未凋零！

公元787年，唐朝著名高僧悟空（《西游记》孙悟空的原型）从天竺回国，在西域地区曾做过短暂的停留，在西域四镇宣扬佛法两年多，直到789年才离开西域前往长安。他曾在龟兹与安西大都护、四镇节度使、武威郡王郭昕进行过长时间的交谈，也将他们的故事带回了当时风雨飘摇的唐朝。数年后，悟空带回长安的消息，成了这支孤军最后的消息，郭昕和他的安西将士全体在龟兹殉国，流传千古，至今动人！

丝路风云
SILU
FENGYUN

第十章

卡特万战役

契丹与赛尔柱的巅峰对决

第十章 卡特万战役

他有着匡扶社稷的万丈雄心，但却出生在国家江河日下的时代。他肝脑涂地，企图挽大厦于将倾，却一次次失败。他最终出走万里之外的西域，重建国家。他将儒家文化传播到中亚，坚持儒家以仁治国的思想，让那片无数次在战火中撕裂的土地，盛开出温柔而祥和的花朵。

多年以后，人们依旧在怀念他，述说他，他成为一个东西方都在传颂的君主，他就是西辽的立国者耶律大石。

【岁月流沙】

西辽是契丹人耶律大石在中亚地区建立的契丹王朝，国号仍然是"辽"。但后世为了与耶律阿保机所建立的辽国有所区分，将其称为西辽。

在历史的记载里，耶律大石建立西辽的过程充满了传奇色彩。

公元1114年，辽国下属的女真部落在首领完颜阿骨打的带领下起兵反辽。两年后就占领了辽朝的东京（辽国设有京：东京辽阳府、上京临潢府、中京大定府、西京大同府、南京析津府）。

公元1122年，女真人攻下了中京，辽天祚帝慌忙从南京（今天的北京）逃到了夹山。1124年，已经山穷水尽的天祚帝在得到阴山室韦谟葛失的兵马支援后，准备主动对金国发动攻击，夺回失地。已经和金国作战多年的耶律大石知道辽国此时完全不是正在冉冉升起的金国的对手，于是他苦劝天祚帝：向以全师不谋战备，使举国汉地皆为金有，国势至此，而方求战，非计也。当养兵待时而动，不可轻举。

但是天祚帝没有听从他养精蓄锐的建议，坚持要发兵夺回燕云地区。

耶律大石知道天祚帝很快就要被消灭，于是他带着手下的两百骑兵向西逃去，准备召集辽朝在西边的势力对抗金国。

1124年，耶律大石抵达了辽朝西北路招讨司驻地可敦城。在这里，耶律大石召集各个军州的长官和部落首领，向他们讲述女真人对辽国的侵略。耶律大石在大会上慷慨陈词：我祖宗艰难创业，历世九主，历年二百。金以臣属，逼我国家，残我黎庶，屠剪我州邑，使我天祚皇帝蒙尘于外，日夜痛心疾首。我今仗义而西，欲借力诸番，剪我仇敌，复我疆宇。惟尔众亦有轸我国家，忧我社稷，思共救君父，济生民于难者乎？

耶律大石的讲话感染了在场的所有人，他们纷纷表示要支持耶律大石讨伐金国。

但与天祚帝不一样，耶律大石知道自己现在的力量完全无法与金国抗衡，他所能做的就是以可敦城为基地，积蓄力量，意图返回中原，夺回失地。但他知道可敦城非常小，要壮大力量还得拓展地盘。他首先将目光放在了东边，与金国争夺土地。1129年，耶律大石主动攻击金国，夺取了一些土地，但很快又被金国击退。

于是，耶律大石将目光放在了西边，他决定沿着古老的丝绸之路开辟他的疆土。

1130年，耶律大石亲自率军进入了今天新疆额尔齐斯河和额敏河地区，并在叶密立修筑城池，作为长期驻守的基地。筑城完成后，他又率军继续西进，借道高昌回鹘抵达东喀喇汗王朝领地，但耶律大石的这次远征很快在东喀喇汗王朝的打击下失败了。他率军退回了叶密立，痛定思痛，继续"养兵待时而动"。这期间，他打败了金国的数次进攻，巩固了他的既有领地。

1132年，耶律大石在叶密立称帝，汉尊号为"天佑皇帝"，建元"延庆"，并册立皇妃萧氏为"昭德皇后"，标志着西辽政权正式建立。

西辽建立后，耶律大石继续扩张他的领土。他先是征服了高昌回鹘，这个国家曾经截杀过他的军队，但这次耶律大石没有报复。相反，这位深受中原文化影响的皇帝在征服过程中，对他的对手都采取了极度宽容的政策，尤其是对征服地区的老百姓，他更是采取了轻税薄赋的政策，得到了各个民族的拥戴，也使得他的征服之旅变得异常顺利，不到十年时间就将高昌回鹘、东喀喇汗王国、西喀喇汗王国和花剌子模、康里等国征服。

他将都城迁到原东喀喇汗王国首都巴拉沙衮，并将其改名为虎思斡耳朵。

这段时间，耶律大石继续执行他养兵和休养生息的政策。他保留了被征服地区原来的社会生活和宗教信仰，并让原来的官员继续管理百姓。

经过了十余年的发展，耶律大石积蓄了足够的力量。1134年，他以六院司大王萧斡里剌为兵马都元帅，敌剌部前同知枢密院事萧查剌阿不为副元帅，茶赤剌部秃鲁耶律燕山为都部署，护卫耶律铁哥为都监，发兵七万攻打金国。

但是这支东征部队却在沙漠中因缺水和迷失方向，损失惨重，只能退兵。金国原本要阻挡西辽的远征军，看到西辽兵败于大沙漠，就主动向西辽进行进攻，但是他们依旧败给了无情的沙漠，双方都只能罢兵休战。

【折戟沉沙】

东征金国失败后，耶律大石知道自己短时间内是无法打败国力如日中天的金国了。于是，他将目光再次投向西边，积极部署第二次西征。

这次，他率军进入了费尔干纳盆地，没费什么力气就占领了

第十章 卡特万战役

忽毡，并再次大败了西喀喇汗王国的马赫穆德汗，使他逃回撒马尔罕城后终日惶惶不安。

但是耶律大石没有继续进攻，他在等待一个机会，这个战机很快就要来了。

公元1141年，西喀喇汗王国的康里人与葛逻禄人斯战役中背爆发了大规模冲突。马赫穆德写信向他的舅舅塞尔柱帝国苏丹桑贾尔求援，桑贾尔很快集结了一支十余万人的大军向葛逻禄人发动进攻。

塞尔柱帝国是塞尔柱突厥人在11世纪建立的帝国，其领土在最鼎盛时囊括了中亚和西亚大部分地区。塞尔柱人原本是突厥的乌古斯分支，最初在中亚过着游牧生活，后来逐渐壮大。1040年，他们占领了波斯地区和巴格达城，首领图格鲁克伯克被称为"东方和西方之王"。1071年，塞尔柱人的军队在曼齐克特打败了拜占庭，甚至将拜占庭国王罗曼努斯四世俘虏，并攻占了小亚细亚的大部分地区，塞尔柱帝国在这时发展到顶峰。但在1092年以后，这个鼎盛的帝国陷入了王子夺权的内乱之中，帝国分裂。桑贾尔在这场王位的争夺中取得了胜利，他甚至率军一度打败过喀喇汗王朝和印度边境的伽色尼王朝。这些胜利，让桑贾尔和塞尔柱人觉得他们的帝国又再次找回了往日的荣光，他们将在桑贾尔的带领下，续写帝国的辉煌。

于是，当马赫穆德写信求助的时候，他带着他的大军出发了,他扬言,塞尔柱人的箭将射断敌人的头发。

感受到死亡威胁的葛逻禄人慌忙向耶律大石求援。耶律大石写信给桑贾尔,让他放过可怜的葛逻禄人。但是,桑贾尔却傲慢地拒绝了耶律大石的调解。于是,耶律大石决定率军前去与这位傲慢的国王一较高下。

公元1141年9月,西辽和塞尔柱的军队在撒马尔罕城外的卡特万相遇。

对峙开始后,双方都将军队分成了左中右三个部分。塞尔柱方面,中军由桑贾尔自己亲自率领,左翼是西吉斯坦国王的部队,右翼由埃米尔库马吉领军。西辽方面,耶律大石亲自率领精锐中军,右翼由六院司大王萧斡里剌、招讨副使耶律松山带领,左翼由枢密副使萧剌阿不、招讨使耶律术薛带领的数千军队压阵。

正式开战前,耶律大石进行了一次非常简短的战场动员讲话:"敌军虽多但是没有智谋,遭到我们的攻击,他们就会首尾不顾,我们的军队必胜!"

战斗开始后,耶律大石的中军和桑贾尔的中军实力相当,僵持不下。此时,塞尔柱的左翼西吉斯坦国王奋勇出击,直插入了西辽中军和左翼之间,西辽军队出现短暂混乱。耶律大石迅速调整战术,他让中军和左翼后退到达尔加姆峡谷,背靠大山防守。然后,派左翼迅速绕到塞尔柱人的侧后,自己的中军则转攻塞尔柱薄弱的右翼。西吉斯坦国王的军队虽然勇猛,但西辽人绕到他们侧后，将他们赶进了达尔加姆峡谷。这时，葛逻禄人冲进峡谷，对那些挤在峡谷里进退失据的塞尔柱人展开了疯狂砍杀，桑贾尔和马赫穆德只得带残部逃跑。这一仗，西辽军大胜，被杀死的塞尔柱人"僵尸数十里"。桑贾尔的妻子、两翼指挥官及著名伊斯兰法学家胡萨德·奥马尔被西辽人俘虏。

而惊慌失措的桑贾尔和马赫穆德马不停蹄地一路奔逃，先是逃到了今天乌兹别克斯坦的捷尔梅兹，又立马渡过阿姆河，进入波斯。

取得大胜的耶律大石没有派兵追杀桑贾尔和马赫穆德，相反，他释放了战场上俘虏的塞尔柱人，带着军队进入了河中地区最大的城市撒马尔罕。更重要的是，他没有惩罚西喀喇汗王国，虽然他们的大汗马赫穆德随桑贾尔跑了。他派人找到马赫穆德的弟弟伊卜拉欣，让他继承哥哥的汗位，继续统治西喀喇汗王国，唯一的改变就是派了一名沙黑纳[1]驻守，就算是统治该国了。

耶律大石随后派大将额儿布思进军西边的花剌子模。与深受儒家和佛教文化影响的耶律大石不同，额儿布思攻进花剌子模后就大肆劫掠，疯狂屠杀，用血腥手段彻底征服了这个国家。

至此，耶律大石的西辽建立了异常广阔的统治，统帅着西花剌子模、东西喀喇汗王国、高昌回鹘、葛逻禄部、乃蛮部等，成为中亚实力最强大的帝国之一。

---

[1]沙里纳：波斯语，汉文文献也称"监"，意为地方的监治长管。

而塞尔柱王朝经此大败，从此一蹶不振。

【治国以仁】

卡特万战役结束两年后的1143年，耶律大石去世了。这位西辽帝国的建立者在死后受到了他所有子民甚至敌人的怀念。而那些被他征服地区的人民在后来经历过蒙古西征后，更加怀念这位来自遥远东方的仁慈国王和他建立的仁政帝国。他建立的帝国完全是辽朝的翻版和承续，他保留了中原地区的皇帝死后要给予庙号的传统，因而，他被称为德宗。但终其一生，他更应该被称为仁宗。

据记载，他在幼年的时候就受到了良好的汉文化教育，并在1115年参加辽朝科举考试，考中进士，"擢翰林应奉"。在他仕途正盛，准备大展宏图的时候，统治集团内部的争权夺利，遍地的起义烽火，女真人的反叛，已经让这个日落西山的帝国行将就木了。在这个帝国覆灭前，耶律大石尽了自己最大的责任与努力去拯救它。1116年，他出任泰州刺史和祥州刺史，与金军鏖战。1120年，他又做了辽兴军节度使，死守南京道。1122年，他打败了宋军的两次进攻，1123年，他战败被俘，第二年又逃回辽国。1124年，他没法劝说天祚帝停止莽撞的反攻，于是带着两百人出走。在可敦城，他涕泪交加，要救君父，济生民。然而，他的历次东征都失败了。虽然他向西打下了400万平方公里的辽阔土地，但他的心中惦念的依旧是东方的祖地。

他死后，他的帝国就出现了分裂。

1175年，东边的乃蛮部和康里部归附金朝；1206年，花剌子模国王摩诃末反叛西辽，占领了河中地区；1209年，高昌回鹘投靠蒙古；1211年，葛逻禄投靠蒙古。

但真正让西辽灭亡的是乃蛮部王子屈出律的恩将仇报。在历史记载中，屈出律在他的部落被成吉思汗消灭后，就带人在1208年投奔了西辽。西辽国王直鲁吉很热情地接待了他，给他高官厚禄。但屈出律看到当时的西辽已经日薄西山，处境堪忧，他就萌发了趁机夺取西辽政权的想法。于是，他对直鲁吉说："我的人很多，他们遍布叶密立地区、海押立、别失八里；人人都在欺侮他们。如我获得允许，我可以把他们召集起来，靠这些人之力就能支援和加强菊儿汗。我决不能背离菊儿汗指定的方向。"

直鲁吉很高兴，赏赐了他很多的财物，让他去召集自己部落的人来帮助自己。但狼子野心的屈出律在召集了自己的部族后，竟然联合花剌子模攻击西辽，他进入西辽后更是带军烧杀抢掠。

直鲁吉气得肝疼吐血，在得知屈出律竟然攻到首都巴拉沙衮时，他立即率军出击，狠狠地打败了屈出律。但屈出律带着残部逃跑了，并很快恢复了实力，伺机再次进攻。

1211年，屈出律再次攻击直鲁吉，这次他成功了。《辽史》

记载：乃蛮王子屈出律以伏兵八千擒之，而据其位。

后来，蒙古西征，消灭了这位窃国者。当然这是后话。

西辽存在了八十多年，但是却在世界上产生了极大的影响。在卡特万战役后，欧洲那些被塞尔柱征服过或者威胁过的国家，在听到耶律大石打败了桑贾尔，就开始盛传东方有一位信奉基督的约翰王打败了哈里发，也让契丹这个名词走进欧洲，深刻地刻进中亚。据《剑桥辽宋夏金史》记载：通过Kitaia、Cathaia或Cathay等形式，契丹在整个欧亚大陆成为中国的代称，俄罗斯和斯拉夫语的世界中，至今人们还在用"契丹"来指称"中国"。在著名的《马可·波罗纪行》中，马可·波罗也将中国称为契丹。

更为可贵的是，耶律大石将他幼年开始学习的汉族文化，特别是儒家与佛教文化带入了中亚，并将儒家和道家仁政和无为而治等施政措施在西辽推行，这使耶律大石和他的西辽成为那个地区人们特殊的怀念与追忆。

首先，耶律大石对统治的百姓施行"轻徭薄赋"政策，他将辽朝"官分南、北，以国制治契丹，以汉制待汉人"的制度在西辽继续推行。其中，南面官的官制与唐朝有很多相似之处。在税收上，他不在农耕民族中征兵，让他们安心种地，发展生产。并且，他在整个统治区只征收很少的税，大概是一户人家一年只交一个第纳尔币。除此之外，不再给他们摊派任何的任务，也不再征收百姓的任何财物。

再次是耶律大石将大宋的禁军制度用到了西辽的军事制度上。他禁止他的将领拥有超过100骑以上的兵力，所有的军队都由国王直接统领。战时，他才委任将军，并将军队派给这位将军指挥。这样的做法使那些统兵的将军们无法拥兵自重，也无法军阀割据，加强了中央集权。

但耶律大石只是对他直接统治的地区和官员采取这种政策，对于那些早已形成自己政治军事制度和经济文化的国家，他在征服后采取了一种相当开明的政策。他不仅让这些国家完全保留原来的政治军事和经济文化制度，特别对当地的宗教，他也采取自由发展的政策。他甚至不向这些国家派驻军队，只是象征性地派个官员去看看这些国家的治理情况，更多时候是派军到这些国家的边境上去巡逻，并帮助他们镇压国内的叛乱，巩固统治。

此外，他对宗教信仰采取极度宽容的政策，允许各种宗教自由发展，尊重各种宗教的制度和习俗，也不强迫他统治区内的民众改信其他宗教。当时，伊斯兰教、佛教、景教、摩尼教、萨满教等都在西辽得到和平发展。

最后是耶律大石将汉文化在中亚进行了推行，虽然不是强制推行，但是耶律大石和他的家族都将汉文化作为自己的家族文化始终坚持，也因此使汉文化在中亚地区得到了传播。

在辽国建立之初，耶律大石就将汉语作为西辽的官方语言之一，西辽历代帝王都有汉字年号，耶律大石甚至只穿中国的丝绸衣服。在西辽末年，一位叫浑忽的公主在出嫁时还坚持用中原装束，中原的礼仪。

而且，西辽的官员和军队中有许多汉人，西辽末年的宰相李世昌就是一位汉人。

后来蒙古大臣耶律楚材在其《西游录》一书中记载：又西濒大河有斑城者颇富盛。又西有传城者亦壮丽。城中多漆器，皆长安题识。

《吉尔吉斯地区史》也对这一地区的深受汉族文化影响的建筑和雕塑等进行了介绍：

在斯莱坚卡镇附近，在列别季诺夫卡镇地区，在亚历山大古城也发现了哈喇契丹居民点的遗址。它们在建筑装饰方面，总的说来广泛地表现出汉艺术和汉文化的影响。它在这里已同中亚文化融合。无论汉族匠人，还是当地建筑工匠，都首先利用了汉人的建筑技术和材料——瓦、泥塑、炕式的取暖系统。例如，在亚历山大古城发现了有代表性的远东建筑材料：方砖、灰色的半圆瓦（用织物模子做成）。在这里还发现了瓦当。在瓦当上有图案，看来中央坐着的是佛，四周是菩萨。哈剌契丹修建的庙宇，用汉人风格的绘画作为装饰，有富丽堂皇的塑像，例如，在巴拉沙衮发现了石佛像的断块，其身躯比人略高。还发现一尊站在金台座上的佛像，其身后的石板上是光轮和菩萨。除去一些石像断块外，还有许多保存完好的泥塑像断块：带有衣服皱褶的躯干、在艺术处理上很有特色的头发。无论是神的外貌，还是其周围的陪衬物——保卫佛的神兽、檐、莲花——的形状，都表明这些塑像不仅源于汉艺术的原型，而且也源于古印度古典艺术的优秀模型。[1]

总之，耶律大石和他建立的西辽王朝将汉文化与儒家文化传入了中亚，成为汉唐之后，汉文化沿着丝绸之路西传的一个顶峰和高潮。他以儒家治国的思想使得中亚地区的社会经济和文化得到了很好发展，特别是普通百姓的生活得到保障，后来耶律楚材也感叹耶律大石和他的西辽"颇尚文教，西域人至今思之"。

---

[1] 秋香：《宋元时期契丹人对中亚的重要贡献》，《华夏文化》2017年第01期。

丝路风云
SILU
FENGYUN

第十一章

一路向西

蒙古帝国的三次西征

第十一章 一路向西

要让青草覆盖的地方都成为我的牧马之地。

——成吉思汗

1206年,那是一个让历史都要永远铭记的年份。

那一年,蒙古族乞颜部人孛儿只斤·铁木真在斡难河即大蒙古国汗位,尊号"成吉思汗"。

那一年,他颁布了大蒙古国成文法典扎撒,建立完备的军事与政治组织。

那一年以后,成吉思汗和他的子孙将带着蒙古战士,将青草覆盖的地方变成他们的牧马之地。他和他的子孙主导的三次西征,深远地改变了亚欧非三大洲的政治军事格局和历史进程,也让他一代天骄的名号牢牢地印刻进亚非欧三大洲的历史书页,被世人久久地谈论。

【首次西征】

1219年,是中国历史上一个比较特殊的年份。这一年元代杂剧奠基人,"元曲四大家之首",千古悲剧《窦娥冤》的作者关汉卿出生,也是在这一年,蒙古帝国拉开了第一次西征的序幕。

而蒙古帝国的第一次西征，其导火索竟源于一次偶发的商团抢劫事件，这一事件的主导者是位于中亚的一个大国花剌子模。

花剌子模长期盘踞在中亚地区，先后被波斯、贵霜、大月氏、突厥以及阿拉伯帝国、塔希尔王朝、萨法尔王朝、萨曼王朝、加兹尼王朝和塞尔柱帝国等统治。后来，花剌子模从塞尔柱帝国独立出来，并在阿拉丁·摩诃末在位期间夺取了阿富汗，帝国也达到鼎盛。成为控制着陆上丝绸之路和东西方贸易的中亚大国。蒙古帝国为了更好地与西方进行贸易，支持它在东方与金国、西夏等的战斗消耗。成吉思汗在公元1215年，派出一个450多人的庞大商团带着大批财物，前往花剌子模国进行商贸谈判。

经过漫长的跋涉，这支庞大的商团终于到达了花剌子模的重要城市讹哈喇城。当时，被摩诃末封为海儿汗的城主亦纳勒术极其贪婪残暴。他看到蒙古商团带着诱人的珍宝和财物后，就动了抢劫的心思。于是亦纳勒术诬陷蒙古商团为奸细，将商团全部扣押并杀掉，顺利地夺取了商团的财物。

亦纳勒术的暴行极大地震怒了成吉思汗，不过当时成吉思汗正在和金国打仗，对于花剌子模这个西域大国他还不想提前与之开战。于是，成吉思汗强压下怒火，派出了一个正使和两个副使的使团到花剌子模请求调查商团被杀事件。如果阿拉丁·摩诃末当时配合使团调查，处死亦纳勒术并赔偿蒙古人的损失，成吉思汗也有可能不再追究。

第十一章 一路向西

但阿拉丁·摩诃末却让部下杀死了成吉思汗的正使,还将副使的胡须全部剃掉后赶回了蒙古。本来成吉思汗就在气头上,现在阿拉丁·摩诃末则完全激怒了他。于是,成吉思汗停止了与金国的战争,将攻打金国的战事交给大将木华黎,自己集中精力谋划组织对花剌子模的战争,誓要一举消灭高傲的花剌子模。

但当时蒙古与花剌子模并不接壤,他们之间还隔着西辽。所以,成吉思汗要攻打花剌子模就要先打西辽。

公元1218年,成吉思汗派遣哲别攻占了西辽,杀死西辽国王屈出律。说起这个屈出律与蒙古还有着莫大关系,前文里提到,他是蒙古乃蛮部太阳汗的儿子,在部落被成吉思汗消灭后逃到了西辽,并夺取了西辽政权。在哲别平定西辽后,蒙古就与花剌子模接壤了,两大帝国即将展开一场惊天动地的大战,并深远地影响了世界版图与历史进程。

公元1219年夏天,成吉思汗的二十万蒙古大军在额尔齐斯河完成了集结。秋天到来的时候,成吉思汗带着军队已经到达了海押立(今天巴尔喀什湖东南一带)。在这里,成吉思汗得到了葛逻禄、回鹘等许多当地部落势力的加入,军队实力得到进一步增强。而他们的敌人花剌子模此时却有超过四十万的军队,数量是蒙古人的一倍以上,而且花剌子模是在本土作战,后勤保障比蒙古人更占优势。

但摩诃末没有集中优势兵力主动出击,而是选择了分兵把守，这就给了成吉思汗可以在局部地区集中起绝对优势兵力将摩诃末的守军各个击破的机会。于是成吉思汗抓住这千载难逢的机会，让他的两个儿子察合台和窝阔台联合带军先攻打讹哈喇城，派长子术赤沿着锡尔河攻打昔格纳黑和毡的两城。最后又派出一支偏师攻占了别纳客忒和忽毡等地。

蒙古人包围了讹哈喇城后，亦纳勒术知道自己是这场战争的挑起者，也是蒙古人首要解决的目标，因而他选择死守城池。他的死守让攻城的蒙古人付出了惨重的代价，五个月后，蒙古人才踩着城墙高的尸体攻入了讹哈喇城，杀死了这座城市里几乎所有人，而海儿汗亦纳勒术自杀未遂，被蒙古人活捉后带到了成吉思汗的面前。

面对这位极度贪财的敌人，成吉思汗让人将金银熔化后灌入了他的口中，让他经历了无尽痛苦后死去。

在三路大军都取得胜利的情况下，成吉思汗和幼子拖雷带着中军攻打不花剌城，蒙古军队很快占领了城市，并将城市彻底地洗劫一遍后继续进军花剌子模的首都撒马尔罕。

当时撒马尔罕城内守军超过十万人，城防也非常坚固，成吉思汗为了尽快攻破城池，还专门让攻破了讹哈喇城的察合台和窝阔台率军前来支援。但蒙古人依旧无法顺利攻占该城，成吉思汗于是派间谍进入城市，暗中联络守军中的突厥人（当时守军中有六万人是突厥康里部人）。在成吉思汗的拉拢下，三万多突厥守

第十一章 一路向西

军出城投降，导致城防被蒙古人突破。蒙古人照例杀掉了那些对他们有威胁的人，包括先前投降的突厥人。

在成吉思汗攻下撒马尔罕后，对花剌子模旧都玉龙杰赤城的攻击行动也如期进行。术赤和察合台是这场攻城战的主要负责人，但攻城的过程中，两人因为关系不和睦，导致配合不佳，使城池数月不能被攻下，也消耗了蒙古大量的人力和物资。后来，成吉思汗不得不派三儿子窝阔台率军前去增援，在窝阔台援军到后，这场历时七个月的攻城战才宣告结束。

在攻下撒马尔罕和玉龙杰赤城后，成吉思汗派哲别和速不台开始追杀摩诃末。哲别和速不台一路追杀，沿途摧毁了图斯、达蔑干、西模娘、列夷等城市，一直追到哈仑，但还是没有抓住摩诃末。这位可怜的国王在一路狂奔中，逃到了里海的一座孤岛上，惶惶不可终日，非常后悔招惹了成吉思汗这条草原之狼。公元1220年12月，他在惊恐与后悔中去世了。

在哲别和速不台追杀摩诃末的时候，成吉思汗派军扫荡花剌子模残军。在公元1221年，蒙古人夺取了阿富汗和呼罗珊地区。然后，蒙古军队越过兴都库什山，包围了巴米扬城，但在攻城之中，成吉思汗最喜欢的孙子木阿秃干战死，成吉思汗下令彻底屠灭了该城。

这一年，蒙古军队攻占了花剌子模全境。但摩诃末的儿子扎兰丁却逃脱，并在加兹尼城组织了一支强悍的军队抵抗蒙古人。

成吉思汗派人一路追杀扎兰丁，但扎兰丁比他的父亲摩诃末还善于逃跑。他曾在八鲁湾川击败了一支三万人的蒙古军队，使蒙古人遭受了进入花剌子模以来的第一次失败。但在成吉思汗大军的围追堵截中，他屡战屡败，最后被追到印度河畔。在他的军队都被消灭后，这位王子策马跳入了十一月冰冷的印度河，顶着漫天箭雨逃出生天。后来，在蒙古军撤退后，他又跑回波斯，占领了一些地区。1231年，逃到库尔迪斯坦山中的扎兰丁被山民杀死，结束了逃亡的一生。

作为此次西征的主帅，成吉思汗通过征服花剌子模得到了极大的自信，他也看到了中亚和西亚的城市的富足，更为重要的是这些城市相比于中原地区的金国和西夏城市，更好攻取。这激起了他继续向西扩张的兴趣。他在花剌子模境内度过了一段时间，在亚历山大城召集了一次库里勒台。据说，他还在阿富汗接见了来自中原道教代表人物丘处机，与丘处机进行了多次谈话，并询问长生的办法。丘处机给成吉思汗灌输了止杀的治国思想，影响了后来蒙古的军事行动。

1225年，成吉思汗回到蒙古，结束了第一次西征。两年后，一代天骄成吉思汗病逝于甘肃省清水县，结束了辉煌一生。但他的子孙们，将把他的西征事业继续发扬光大，开辟出一个疆域最广大的帝国。

第十一章 一路向西

【多瑙河畔】

成吉思汗死后,窝阔台继承了汗位,继续发动对金国的战争。1234年,蔡州之战后,金国被消灭。窝阔台汗取得了中原北方地区和中亚地区的统治权,窝阔台准备继续执行成吉思汗向西扩张的战略,出兵平定乌拉尔河以西的钦察、斡罗斯等地区。

1235年,窝阔台召集诸将,准备对钦察、斡罗斯等地区进行征服。窝阔台在出兵动员会上说道:"我听说那里的人刚强,一怒而持械而起,所以派你们去打他们。我与哥哥商量着,哥哥赞同了,如今派各家的长子去那里。长子出征,其势大呵!"

从窝阔台的动员令中我们可以看出这次出征最大的特点就是长子领军。主要有成吉思汗长子术赤长子拔都、次子察合台长子拜答儿、三子窝阔台长子贵由、四子拖雷长子蒙哥统领各自军队出战,那些万户及以下大将也派出了自己的长子参战。

大军的统帅是术赤长子拔都,速不台为副统领,共集结了十万大军。当年秋天,这十万大军就到达了伏尔加河东岸。

这次出兵,主要分两部分。首先是拔都征服斡罗斯的战役。1235年,西征军副统领速不台率军先攻取了今天俄罗斯维亚特卡伊波利亚纳以东的不里阿耳。蒙哥进军伏尔加河下游的钦察部落,并与南下的速不台一起攻灭了斡勒不儿里克部,打开了通向斡罗斯的通道。

12月，拔都率领主力攻占了今天莫斯科东南亚的也烈赞城和莫斯科东南的科罗木纳城。并迅速攻占了斡罗斯弗拉基米尔大公国的首都弗拉基米尔，以及附近的罗斯托夫、莫斯科等城市。

但这次长子出征的弱点也逐渐暴露出来，长子之间由于意见不合，产生了争吵，严重影响了西征事业，窝阔台不得不将蒙哥和贵由召回。拔都和速不台继续领导西征。

1240年，拔都率军渡过顿河，攻到了今天乌克兰基辅的乞瓦城，并架起大炮攻城，昼夜轰击，终于攻破了这座欧洲坚城。随后，拔都大军又攻取了加里奇公国，占领了整个斡罗斯。

当拔都攻占整个斡罗斯后，便开始将进攻的矛头指向西边的东欧。主导进攻东欧的是速不台。他将进攻的首要目标选定为匈牙利。

速不台为了尽快攻占匈牙利，将军队分为北、中、南三部分，采取分路合击的战术。

在速不台的安排下，拜答儿带领北路军进攻波兰，防止波兰在蒙古军攻击匈牙利的时候增援。南路是合丹带领的三万人，进攻特兰西瓦尼亚。中路是速不台亲自带领的六万主力，直接平推向匈牙利都城布达佩斯。

1241年初，北路的拜答儿首先兵发波兰，在大军推进的同时，还派兵横扫了波罗的海沿岸，到达东普鲁士地区，保障北路军的侧翼安全。

第十一章 一路向西

当拜答儿的大军达到波兰时，很快就打垮了波兰东边的两个公国。1241年3月，拜答儿很顺利地就占领了克拉科夫城，并彻底焚毁了这座城市。拜答儿继续挥军前进，又一路摧枯拉朽般打败了波兰西边的两个公国，兵峰直指西里西亚。

在西里西亚，神圣罗马帝国组织了一支庞大的军队，以此抵挡蒙古军的推进。联军主要由波兰、日耳曼、波希米亚三国军队组成。但拜答儿的情报工作做得相当出色，他在五万波希米亚军队还未赶到集结点时，就率先发动了对日耳曼和波兰联军的进攻。

这支联军主要由步兵为主，他们呈三个梯队排列，第一梯队是以日耳曼人和波兰矿工组成的步兵方阵，不仅装备不全，而且战斗力低下，属于消耗蒙古人弓箭的炮灰团。第一方阵后是波兰逃亡士兵和农民组成的步兵阵，也属于消耗型部队。真正有战斗力的是第三方阵，这个方阵里除了战斗力彪悍的条顿骑士团，还有西里西亚重装骑兵。

公元1241年，双方在里格尼茨城外的平原上摆开了决战架势。

在战斗开始后，蒙古人就表演了他们精湛的诱敌战术，派出机动性超强的轻骑兵开展进攻，双方一接战，蒙古轻骑兵就佯装败退。欧洲联军第一方阵一看蒙古人撤退了，就甩开脚丫子开始追赶，想到凶悍的蒙古人被自己打败了，心中还莫名兴奋。但这种兴奋劲还没持续多久，他们就发现自己上了当。因为当他们跑不动的时候，他们发现蒙古骑兵不跑了，转过身来向他们疯狂放箭，在疯狂的箭雨下，他们追也追不上，逃也逃不掉，只能眼睁睁地看着自己的身体被蒙古人的箭穿透，然后安详地闭上眼睛。

当欧洲联军的第二方阵赶到增援时，第一方阵已经全军覆没了。他们想撤退，但哪是骑马蒙古人的对手，一阵箭雨之下，第二方阵的步兵也全部报销了。第三方阵的条顿骑士团和西里西亚重装骑兵终于姗姗来迟，在被蒙古人的轻骑兵用箭雨消灭了大部分后，蒙古人派出了重甲骑兵，拿着狼牙棒的蒙古重骑兵迅速将那些藏在厚重盔甲里的欧洲重甲骑兵敲了个稀巴烂。战役的指挥官西里西亚公爵亨利二世也被蒙古人杀死。

波希米亚国王文西斯劳斯在听到联军大败的消息后，虽然手下还有五万大军，还是被吓破了胆，慌忙撤往神圣罗马帝国。

在里格尼茨大胜欧洲联军的拜答儿没有继续西进，他还要南下去匈牙利与中路军会师。

在拜答儿北路取得大胜的时候，南路的合丹也顺利占领了特兰西瓦尼亚。

中路的速不台进军也相当神速，本来要等待北路的拜答儿和南路的合丹会师布达佩斯后才发动对匈牙利的总攻。但实际上，在拜答儿开始攻击波兰后不久，速不台的六万大军就突破了匈牙利在喀尔巴阡山的防线，攻到了布达佩斯城下。当蒙古人的侦查

第十一章 一路向西

哨骑在城下侦查时，匈牙利国王贝拉四世还正在议事厅里和大臣们商议着如何退敌。他没有像里格尼茨城的亨利二世一样带着军队出城跟蒙古人野战，而是选择了据城固守。因为，在贝拉四世看来，宽阔的多瑙河是阻挡蒙古人的最好防线。

在蒙古人还未完全在城外集结起来前，贝拉四世向全国各大领主发出征兵令，在短时间内便在布达佩斯城内集中了超过十万大军，几乎是速不台兵力的两倍。

1241年4月，觉得完成军事准备的贝拉四世决定率军出城消灭速不台。因为，他已经得知蒙古人的北路大军和南路大军很快将和速不台会师布达佩斯。到时候，蒙古人的兵力将会超过匈牙利的兵力。因而，在自己兵力占绝对优势的情况下，趁蒙古人还未完成集结，先行攻击，是明智之选。

但蒙古人没有选择在布达佩斯城下与匈牙利人决战，他们主动向后撤退，一直退到离布达佩斯城一百多公里的蒂萨河。在这里，蒙古人和匈牙利人隔河对峙。

战斗发生在蒙古军中一个俄罗斯人叛逃后，这个叛逃者将蒙古人要攻打匈牙利人把守的河上唯一石桥的消息告诉了匈牙利人。速不台眼看计划泄漏，索性将计就计，当晚就派了一支小部队去攻击桥上的匈牙利人，做好了准备的匈牙利人很快就"击败"了这队蒙古人，兴高采烈地回去睡觉了。在他们都睡得深沉的时候，蒙古人的主力又在当夜发动了第二次进攻，一举夺取了石桥，大队骑兵迅速通过石桥，到了匈牙利军所处的河岸。

贝拉四世慌忙组织其军队摆好军阵与过河的蒙古人开战，但是后方忽然杀声震天，原来，速不台在当夜专门带了一支主力从河的下游悄悄渡河，绕到了匈牙利人的后方，在匈牙利人与正面的蒙古人开战时，速不台从他们的后方发动了暴风骤雨般的攻击，那些躲在后方的弓箭手和后勤部队瞬间就被消灭殆尽。

腹背受敌的匈牙利人立刻就崩溃了，疯狂地跑到先前搭建起的营垒中固守。但野战营垒虽然能挡住蒙古人的骑兵，却挡不住蒙古人的投石机（回回炮），在投石机天崩地裂的石弹攻击下，匈牙利人的营垒纷纷被砸碎。而且，蒙古人还将与金国等中原王朝作战时缴获的火器等武器搬了上来，狼毒烟、火蒺藜等火器让从未见识过火器的匈牙利人心理防线彻底崩溃。他们从蒙古人故意放开的包围缺口中逃了出去。沿路被埋伏的蒙古骑兵不停砍杀，在通往布达佩斯城的路上，战死的匈牙利人的尸体平铺了数十公里。

但贝拉四世却奇迹般地逃出了生天。因为，他没有往布达佩斯方向跑，而是往相反的方向跑，所谓最危险的地方就是最安全的地方。贝拉四世逃过了后方蒙古追兵，绕了很远的路才回到布达佩斯城。这次，他再也不敢出战了，把阻挡蒙古人的全部希望都寄托在城外那宽阔的多瑙河身上了。

速不台没有渡河工具，无法渡过多瑙河。他只能将北路的拜答儿和南路的合丹召集起来，十数万大军在多瑙河畔与贝拉四世对峙。他在等待欧洲寒冷的冬天的到来。

当冬天到来的时候，多瑙河如速不台想的那样结冰了。当欧洲人圣诞夜到来的那晚，他带着蒙古大军从结冰的河面渡过了多瑙河，攻占了布达佩斯。

贝拉四世再次逃亡，蒙古人照例派出一支军队追杀，不过没有追上，他逃到了亚得里亚海的小岛上，蒙古人无法渡海追击。

攻下匈牙利后，速不台发现整个欧洲敞开在他眼前了。他开始着手准备进攻西欧的意大利、德国、法国和北欧小国，如果可能他还会渡过英吉利海峡，攻打英国。

1242年，速不台的军队已经进入意大利，到达了离威尼斯城不到五十公里的地方，维也纳也被蒙古人包围。正在欧洲人为自己命运哀号祈祷的时候，窝阔台去世的消息传到了西征大军中。速不台必须赶回去参加选举新大汗的会议。

于是，因为窝阔台的忽然去世，西欧人从蒙古人的铁蹄下得以逃生。但东欧地区已经遭到毁灭，直到数百年以后他们在谈起蒙古人的这次西征时，依旧心有余悸，甚至将蒙古人称为"上帝之鞭"。

【梦断尼罗河】

公元1251年，蒙哥在拔都的支持下登上蒙古帝国汗位。他派其弟弟旭烈兀率军进行第三次西征。

1253年，旭烈兀派遣手下第一大将怯的不花率领一个万人队先行出发，为西征大军探路。旭烈兀在第二年才率领主力跟进。

1255年9月，旭烈兀的大军到达撒马尔罕城，并在此进行修整。但旭烈兀却在这时接到他的兄弟雪别台和岁哥都去世的消息，他悲伤过度，在这里停留了40多天才再次西行。

1256年春天来临的时候，旭烈兀的西征大军才到达了西征的第一个目标：木剌夷国。这是一个位于波斯地区的刺客国家。这个国家是西方刺客文化的来源，现在英语里用Assassin表示刺客，正是源于这个阿萨辛派的刺客组织。这个组织培养了数万杀手，专门去刺杀欧洲、非洲的地方首领，并以此向他们征收保护费，并攻占了许多城堡，建立起一个刺客国家。他们看到蒙古帝国所向披靡，就想派人刺杀蒙哥大汗，以此要挟蒙古帝国。但刺杀行动以失败告终，并彻底惹怒了蒙哥，他要求旭烈兀西征第一个就要解决这个不知天高地厚的国家。

首先发起进攻的是大将怯的不花带领的先锋军，他们迅速攻下了费尔多斯、徒思等城市。

旭烈兀让札剌亦儿·拜住带领主力移师安纳托利亚。同时，

第十一章 一路向西

旭烈兀要求亚美尼亚和格鲁吉亚的领主率军参战。

稍后,旭烈兀派出四路大军对木剌夷发动全面进攻。其中,北路大军由不花帖木儿、库喀伊儿喀率领,从马赞达兰西进;中路大军是旭烈兀亲率的一个万人队,他们从秃马温展开攻击;南路由怯的不花率领,从西模娘进行攻击;此外,还有一支偏师包围了木剌夷老巢阿剌模特,这里地势险要,驻扎超过五万的重兵,旭烈兀只能派人将其包围,不让这股敌人支援其他三路作战。待北、中、南三路大军取得胜利后,才集中所有兵力消灭这座坚固的堡垒。

但木剌夷国王看到蒙古大军围困了自己后,便派他的弟弟沙歆沙到旭烈兀的大营请求谈判。旭烈兀要求木剌夷国王亲自出城投降,并下令捣毁境内所有防御措施。木剌夷国王拒绝出城。旭烈兀调集军中所有攻城部队将阿剌模特团团围住,并进行了长时间的轰击。最后,在蒙古人强大的回回炮的轰击下,城墙被轰塌了。被称为山中老人的木剌夷国王被俘,蒙古人将他装在麻袋中用万马践踏为肉泥,同时,整个木剌夷国无论男女老幼全部被杀。

1257年,旭烈兀在彻底消灭了木剌夷国后,便率军分三路向黑衣大食展开进攻。11月,旭烈兀带领的中军就突破了开尔曼沙,进至火勒完。右路大军也渡过了底格里斯河,怯的不花的左路大军也占领了罗耳。

但右路大军在渡过底格里斯河时,遇到了黑衣大食费度丁两万大军的截击，一番交战后，右路大军暂时退却。费度丁引兵追击，被蒙古人包围，全军覆没。

费度丁军团被消灭后，旭烈兀的中路大军很快也包围了巴格达，这支军队中还加入了许多仆从国的骑兵。经过黑衣大食的数百年建设，巴格达城防异常坚实。但这次蒙古人再次祭上了他们威力巨大的回回炮（投石机）。上百架投石机将数百斤的石弹投向巴格达城，经过七天的轰击，巴格达城墙被轰开了一个巨大缺口，阿拔斯王朝第三十七代哈里发穆思塔辛率众出城投降。当然，如同任何抵抗蒙古人的城市一样，虽然巴格达最后选择投降，但还是遭到了屠城。

1259年，蒙古人在经过短暂的修整后，开始进攻叙利亚。当蒙古人到达幼发拉底河岸，叙利亚国王纳昔尔慌忙派使者到埃及请求增援。当时，埃及内乱，无法派兵援助。1260年1月，蒙古人攻占了阿勒颇，包围了大马士革，四月，怯得不花攻破该城，至此，整个叙利亚被蒙古人占领。

随后，蒙古军队又攻占了小亚细亚和巴尔干半岛的一些地区，并占领了地中海中的塞浦路斯岛。

当旭烈兀准备继续进攻耶路撒冷的时候，第二次西征的历史再次重演：蒙哥大汗去世的消息传到了旭烈兀军中。他不得不退军，返回蒙古参与新大汗的选举。

在走前，他给爱将怯的不花留下了一支数万人的军队防守大马士革，此外亚美尼亚的数千铁甲骑兵也被留在当地协助防守。

这时，埃及平定了国内的形势，埃及马穆鲁克王朝苏丹忽都思决定攻击蒙古人。

1260年9月，蒙古骑兵和马穆鲁克骑兵在阿因扎鲁特山谷展开了交锋。忽都思不仅兵力远远多于怯的不花，而且他还是擅长伏击的用兵高手。当时，蒙古人在西征过程中连战连捷，逐渐滋生了轻敌思想。本来蒙古骑兵在大军的四周上百里范围内都会派遣侦查骑兵，一方面侦查敌人动向，一方面侦查是否有埋伏。这也是蒙古人在历次战斗中很少遭到伏击的原因。但是怯的不花与马穆鲁克军队交战并打败他们时，他没有派遣侦查骑兵就带领大军追赶上去，一头撞进了忽都思的十多万大军的包围圈。而此时蒙古人加上叙利亚和亚美尼亚的军队不到三万人，而且叙利亚人一看被十多万马穆鲁克骑兵包围，撒丫子就跑了，但亚美尼亚人依旧坚定地站在蒙古人周围。

怯的不花没有选择逃跑，他将自己的两万人分成两个万人队，向埃及人的两翼冲击。亚美尼亚人的重装骑兵充当了开路先锋的作用，很快就突进了埃及人的队伍，蒙古人的轻骑兵和重甲骑兵也随后跟进。蒙古人的冲击，一时间让埃及人的队伍混乱起来，一看又是一场蒙古人以少胜多的屠杀专场要上演。忽都思一看自己十几倍的兵力竟然被蒙古人打得连连败退，气得将头盔扔到地上，亲自带卫兵冲进了战场，砍翻了十多个蒙古人。马穆鲁克骑兵本来就是精锐的雇佣军，在看到国王如此奋勇，士气瞬间爆燃，纷纷转身猛烈攻击蒙古人。蒙古军队终于崩溃，开始逃跑，怯的不花的卫队劝他也逃跑。但这位将军告诉他的卫兵："人不免一死，与其卑劣地逃走，不如光荣地死去。请派人告诉大汗，怯的不花不愿可耻地回来，他在尽心竭力中牺牲自己！希望可汗不要为损失一支蒙军而过度悲伤。让他这样想：就当士兵的妻子们一年未曾怀孕，他们马群的母马一年未曾怀驹。祝可汗幸福！"

最终，这位旭烈兀最爱的大将被埃及人俘虏了。当他被带到忽都思面前时，他还坚决不降，而是怒吼着对他说："如果我死在你手里，那是天意，而不是在于你！一旦我的消息传到旭烈兀那里，他的愤怒将像沸腾的大海，从阿塞拜疆到埃及的一切将被蒙古马蹄踏平，连埃及的沙子都会被装进马囊中带走！旭烈兀那里像我这样的人有三十万，我是微不足道的。你抓住我，没什么神奇的。我们不像你们，是君主的谋杀者！我从来不背叛自己的君王，赶快把我杀了吧！"

忽都思砍下了怯的不花的头，并率军北上，占领了大马士革。但他还没有来得及享受胜利，就被身边的大将暗杀了。

而旭烈兀在得知怯的不花的死讯后，派遣了数千人前来报仇，但被埃及人打败了。这时候的旭烈兀处境非常艰难，因为他和金帐汗国的首领别儿哥闹矛盾了，双方甚至兵戎相见，也就没时间去打埃及人了。

后来双方又打了很多次，互有胜负。1322年，双方都打累了，于是签订了休战条约，实现了关系正常化，幼发拉底河成为蒙古人和埃及人的天然边界线，第三次蒙古西征算是画上了句号。

丝路风云
SILU
FENGYUN

第十二章
岭北之战

明朝被迫退出西域

第十二章 岭北之战

公元1539年，大明帝国万里长城的西部终点嘉峪关长城修建完毕，这是人类建筑史上的奇迹，被无数人称道与赞颂。但谁又明白这"天下第一雄关"的背后，却是大明王朝放弃西域，收缩防线的现实与无奈。

那是丝绸之路上战火纷飞的岁月，也是丝绸之路最寂寞无言的日子。随着西方找到了通往大明的海上通道，这条畅通了数千年的文明交流大道，因战争始，也因战争终。

【生死之战】

公元1372年那个冬天格外寒冷，在明朝首都南京，皇帝朱元璋正在与群臣为二征北元的出兵事宜进行热火朝天的讨论。

《明太祖实录》详细地记载了这次讨论的情形与结果：

上御武楼，与诸将臣筹边事。中书右丞相魏国公徐达曰："今(天)下大定，庶民已安，北虏归附者相继，惟王保保出没边境，今复遁居和林。臣愿鼓率将士，以剿绝之。"上曰："彼朔漠一穷寇耳，终当绝灭。但今败亡之众，远处绝漠，以死自卫，困兽犹斗，况穷寇乎？姑置之。"诸将曰："王保保狡猾狙诈，使其在，终必为寇，不如取之，永清沙漠。"上曰："卿等必欲征之，须兵几何？"达曰："得兵十万足矣。"上曰："兵须十五万，分三道以进。"于是，命达为征虏大将军，出中路；曹国公李文忠为左副将军，出东路；宋国公冯胜为征西将军，出西路。[1]

　　在《明太祖实录》的记载里，我们可以看出，执政者朱元璋本无心远征，是大将徐达执意推动了这次出兵。但在陈建所著的《皇明资治通纪》一书中，则记载了朱元璋是这次远征的首倡者，并且列举了三条出兵理由：一是要寻找元朝的传国玉玺；二是要消灭元朝大将王保保；三是要寻找前元太子。

　　但不论是何种记载，对明朝出动三路大军北伐的记载都是一致的。在这三路大军中，魏国公徐达的中路大军是主力，其主要的战略任务是大张旗鼓地缓慢进军，将北元主力吸引南下；李文忠率领的东路军则负责在徐达和北元军主力作战的时候，千里跃进，直插北元上都；相比之下，冯胜率领的西路军的作用就小得多，他们只负责牵制西北地区的北元兵力。从军事部署上来看，中路大军承担着与北元主力大军决战的任务，可谓是重中之重。领军者徐达是明朝开国第一功臣。他出生穷苦人家，与朱元璋一起长大，后来一直陪伴朱元璋征战四方，立下赫赫战功。公元1359年，徐达率军攻克池州，因功拜奉国上将军。公元1360年，徐达又与常遇春一起在九华山下大败陈友谅大军，第二年被封为江南等处行中书省右丞。在后来的鄱阳湖大战、东征张士诚等战

---

[1] 《明太祖实录校勘记》，上海：上海书店，1990年。

第十二章 岭北之战

斗中，徐达都表现出了杰出的军事才能，为朱元璋先后消灭了陈友谅、张士诚等军阀势力。公元1367年，朱元璋又命徐达为征虏大将军，与副将军常遇春一起，北伐元朝。这也是明朝对元朝的第一次大规模北伐。在这次北伐中，徐达派遣张兴祖为先锋，取道徐州北上，一路攻城陷地，第二年三月便占领了山东。五月，徐达大军先攻洛阳，后攻甘肃，在庆阳展开了一场大战，明军最后取胜。这一年八月，徐达大军攻占了元大都，元顺帝在大都陷落之前就带着数百家眷和大臣逃往上都，这正式标志着元朝的势力退出了中原，北元与明朝对峙的时代开始。虽然元朝势力退出了中原，但北元还有众多兵力，经常主动发动对明朝边塞的进攻，妄图重新恢复元朝在中原的统治。

因此，不论是朱元璋还是徐达等将领，都觉得非常有必要再对北元发动一次大的远征，彻底肃清蒙古草原的北元势力。而第一次北伐取得大胜的徐达就成了这次北伐的核心，被朱元璋寄予厚望。

在公元1372年那个冬天，朱元璋任命徐达为征虏大将军，带领五万精锐为中路军，出击雁门；命曹国公李文忠为左副将军，带领东路军出击应昌；命宋国公冯胜为征西将军，带领西路军由金兰出击甘肃。三路大军各有五万人马，其中，徐达带领的是精锐中的精锐，担任吸引北元兵力南下决战的重任；东路军属于奇袭兵力，将在北元兵力与中路军决战时包抄北元后路；而西路军则更多承担的是疑兵的角色，主要任务是牵制北元在西北一带的兵力。

在出兵之时，朱元璋又再次嘱托了三位领兵大将进兵方略：

卿等立请北伐，志气甚锐。然而，古人有言，临事而惧，好谋而成。现在，兵出三路，但战法应各有侧重。大将军的中路要扬言直趋和林，但不可急于直奔和林，而应缓慢进军，重在引诱元军出战，从而歼灭之；左副将军出东路要神速，出居庸关后经应昌直趋和林，出其不意，掩其不备；征西将军的西路军，出金兰直趋甘肃，以疑元军，使其不知所向。卿等要益思戒慎，不可轻敌。[1]

但是，后来的战争结果出乎了所有人意料，也深远地影响了以后明朝和北元上百年的历史进程。

公元1372年，徐达带着五万大军进入山西后，先锋大将蓝玉便在今天的蒙古的克鲁伦河一带击败了扩廓帖木儿（王保保）的军队，"击败其众，保保遁去"。蓝玉一路追击到土剌河，即今天的蒙古乌兰巴托以西一带。但徐达这种千里跃进的作战方式，与当初定下的缓慢进军，吸引北元军队南下决战的战略已经没有任何关系，导致徐达的中路军有了孤军深入之险。

那年五月，扩廓帖木儿与贺宗哲集结起所有主力大军，发动了对徐达中路军的进攻。参战的北元将领与士兵都清楚这一战是决定北元存亡之战，因而作战相当勇猛，不仅成功阻挡了明军攻

---

[1] 吴天有：《北征沙漠》，http://blog.sina.com.cn/s/blog_69f9c87f0102w8lo.html。

势，还杀死杀伤明军数万人。徐达只能收缩兵力，筑垒固防。徐达一生胜仗无数，现在遭到如此失败，心中自然颇有不甘，但中路军已经损失过半，早已无力再战，他只能整军撤退。扩廓帖木儿虽然取得了胜利，但十分忌惮徐达，也没有派兵追杀。徐达这一仗虽然付出了明军伤亡数万的代价，但"彻侯功臣无死者，保保亦不敢入塞"，算是保全了明军的精锐。

再说李文忠部。当年六月，李文忠带着都督何文辉等进兵至口温，北元军不战而逃，李文忠缴获了大量的牛马牲畜和军事物资，在留下一部分人看守物资后，李文忠继续率领主力沿着哈剌莽来和胪朐河进军。为了加快进军速度，李文忠认为："兵贵神速，千里袭人，难以负重。"于是，他下令把缴获和辎重都留在胪朐河边，让部将韩政守护，其他人带着二十天的干粮急速赶往和林。在今天蒙古国乌兰巴托西北的鄂尔浑河一带，李元忠与元将蛮子哈剌章遭遇，双方展开了激烈战斗。最终，李文忠打败了蛮子哈剌章，俘虏北元军上万人。

但当李文忠部到达阿鲁浑河时，已经击败了徐达中路军的北元军队却北上开始进攻李文忠部，双方爆发了一场惨烈的大战。史载：

（李文忠）复进至阿鲁浑河，敌兵益众，搏战不已。文忠马中流矢，急下马持短兵接战。随从刘义直前奋击，以身蔽文忠。指挥使李荣见事急，以所乘马授文忠，自夺敌骑乘之，拼命厮杀。文忠得马，气益厉，据鞍横槊，麾众更进。于是士卒鼓勇，皆殊死战，敌败走。逐北至骋海，敌兵益大集，文忠乃勒兵据险自固，而多张疑兵，纵所获马畜于野，示以闲暇。居三日，敌疑有伏，不敢逼，稍稍引去，文忠亦解而归。迷失道，至桑哥儿麻，乏水，渴死者甚众，文忠患之。忽所乘马跑地长鸣，泉水涌出，士马赖以俱济。是役也，顾时与文忠分道入沙漠，粮且尽，遇元兵，士卒疲乏不能战。时奋勇独引麾下数百人，跃马大呼，击败之，掠其辎重牛马还，军复大振。[1]

这一场遭遇战可谓无比惊险，主将李文忠坐骑都被射杀，一度陷入险境，幸得部下拼死护卫，才冲出险境。但明军这一仗也让北元军队损失惨重，东路军与北元军都无力再战，只能罢兵撤退。而且为了防止北元军追击，李文忠又一路布置疑兵，北元军怕有埋伏，不敢追击，使得李文忠能安全退回塞内。这一仗李文忠部虽然斩获颇多，但自身的损失也极大，特别是军官团队几乎损失大半："宣宁侯曹良臣至阿鲁浑河，孤军深入，败殁；骁骑卫指挥使周显、振武卫指挥同知常荣、神策卫指挥使张耀等皆战死。"

当年七月，李文忠带着众多北元俘虏和无数辎重返回京师。他见到了折戟沉沙的徐达和几乎全军覆没的中路军，也见到了取得大胜，斩获无数的西路军堆满街道的战利品。

朱元璋没有想到，他和徐达也没有想到，原本担任疑兵和牵

---

[1] 谷应泰：《明史纪事本末》，杭州：浙江出版集团数字传媒有限公司，2013年，卷十。

制作用的西路军取得了大胜。

【河西大捷】

当朱元璋将西路军交给冯胜的时候,他的心底一定是郁闷的。徐达的中路军和李文忠的东路军都承担着决战和奇袭的任务,而他的西路军则是彻头彻尾的一支疑兵。而且,他和其兄冯国用在朱元璋刚刚起事时便跟随他左右,是朱元璋"帐前总制亲军都指挥使司"的亲信大将之一。当时,李文忠也只是其副手而已。后来,冯国用因病去世,冯胜继承其职务,后又屡次得到朱元璋提拔,做到了金吾侍卫亲军都护府都护的高官,是当时地位仅次于徐达的明军第二号人物。但是冯胜喜欢排挤他人,打仗又多有失误,渐渐被朱元璋冷落,明朝建立后,他甚至排到了曾经的副手李文忠后面。

从作战任务的分配上,我们就可以看出朱元璋对冯胜能打胜仗是没有抱多大希望的。他只要冯胜能大张旗鼓地进军甘肃,牵制住西北北元兵力,不让其东援扩廓帖木儿便算完成了任务。

但朱元璋没想到的是,憋了一肚子气的冯胜和西路军即将要用一场大胜来为自己雪耻。

据《明太祖实录》记载了西路军的整个战斗经过:

戊寅,征西将军冯胜、左副将军陈德、右副将军傅友德率师至甘肃，故元将上都驴降。初，胜等师至兰州，友德先率骁骑五千直趋西凉，遇元失剌罕之兵，战败之。至永昌，又败元太尉朵儿只巴于忽剌罕口，大获其辎重、牛马。进至扫林山，胜等师亦至，共击走胡兵。友德手射死其平章不花，追斩其党四百余人，降太尉锁纳儿，加平章管着等。至是，上都驴知大军至，率所部吏民八百三十余户迎降，胜等抚辑其民，留官军守之，遂进至亦集乃路。元守将卜颜帖木儿全城降。师次别笃山口，元岐王朵儿只班遁去，追获其平章长加奴等二十七人，及马驼牛羊十余万。友德复引兵至瓜、沙州，又败其兵，获金银印，马驼牛羊二万而还。[1]

从史料的记载中，我们可以发现右副将军傅友德在这场战争中的表现极为出彩。

而傅友德的战绩取得却完全是当初冯胜无心插柳的一次分兵行动。当时，冯胜带着五万偏师进入兰州后，就让傅友德带着五千精锐充当先锋，先行探路，自己带着大军缓进。

在今天看来，傅友德就是充当了侦查任务，及时汇报敌军动向，为冯胜下一步作战提供情报支援。但傅友德可不是省油的灯。他最初参加了元末刘福通的起义军，后来又投靠过陈友谅等势力，在1360年才投靠朱元璋，成为常遇春手下猛将。与冯胜等最初跟着朱元璋的旧勋不一样，傅友德作为一个投诚将领，所有

---

[1]《明太祖实录校勘记》，上海：上海书店，1990年。

第十二章 岭北之战

的升迁都是靠自己流血流汗打下来的。如在朱元璋攻打陈友谅的战争中，他身先士卒，在脸部和肋下中箭的情况下，还死战不退，带兵攻上武昌城，被朱元璋封为"雄武卫指挥史"。后来，傅友德又随着朱元璋攻打张士诚，随徐达参加了第一次对元朝的北伐。特别是进军山西的过程中，他与元朝第一大将扩廓帖木儿（王保保）交战，大胜，将扩廓帖木儿（王保保）追到土门关，缴获战马上万方还。是明朝平定山西的第一功臣。1369年，他又马不停蹄地平定陕西，兵出潼关，攻克甘肃庆阳和定西，再次将元朝第一将王保保打得大败而逃。随即，傅友德兵锋南转，向汉中和巴蜀进军。在1371年与征西将军汤和共同伐蜀。他率军出其不意，攻城夺地，一举攻下成都，立下不朽之功，被朱元璋评为平蜀第一人。

因而，即便是将其作为征西将军带领整个西路军实施战略牵制任务，也完全能胜任。但朱元璋只给了他一个右副将军职位，他的心底里想必比冯胜更窝火。

所以，他在得到了冯胜给他的五千先锋兵马时，他头脑中闪现的不是如何侦察敌情，而是如何带着这五千人横扫西北，建立功勋。

冯胜分给傅友德五千精锐兵马担任先锋，也是看出了傅友德的能力和建功立业的雄心。他原本就在平定陕西的时候攻入甘肃，与王保保多次交手都取得大胜，是平定西北的第一人选。

冯胜没有看错，傅友德带着五千兵马离开后，很快就急袭武威，击败元将失剌罕。然后迅速攻打永昌，打败元太尉朵儿只巴的数千主力。这时，冯胜的大军也到达，双方合兵后，傅友德又带军攻下今天甘肃酒泉以北的扫林山，俘虏了北元太尉锁纳儿加、平章管着等人，并亲手射死北元平章卜花。当时，北元将领上都驴眼见明军势大，便率800多户民众投降，傅友德安抚了上都驴一番，又继续进攻。在今天内蒙古额济纳旗东南的亦集乃路，北元守将伯颜帖木儿出城投降。傅友德继续进军，在别笃山口，傅友德与元岐王朵儿只班的军队交锋，击溃上万人，缴获无数。后来，傅友德又兵指瓜州，占领瓜、沙二州。

但这时候，西路军也从北元人那儿知道了徐达中路军和李文忠东路军失利的消息，冯胜便带着缴获的无数牛羊全线从甘肃撤退了。

【弃地甘肃】

1372年11月，北伐的三路大军的主帅都回到了京城，徐达自然一路阴沉着脸，李文忠也愁眉不展，只有西路军的将士脸上还有笑容。他们曾经最不被看好，如今他们打了一个彻彻底底的翻身仗，于情于理都值得炫耀一番。

但朱元璋的赏赐令却让人再次惊掉了下巴。对于折戟沉沙的

第十二章 岭北之战

徐达和李文忠，朱元璋没有责备他们，反而安慰他们："今塞上苦寒，宜令士卒还驻山西、北平近地，以息其劳，卿等还京。"他们还京后，又"以达功大"，没有问罪徐达。对李文忠，朱元璋认为他虽杀敌很多，但自己的损失也极大，因而"以故赏不行"，就是不赏也不责罚。但对于取得大胜的西路军不仅没有给任何赏赐，还严厉批评冯胜："祭遵为将，忧国奉公，曹彬平江南，所载惟图书。汝等当法古人，省躬以补过。"甚至后来还被"贬为庶人，录其家财"。

后来的许多学者对朱元璋责罚取得大胜的冯胜做法提出了许多解释。如日本学者和田清就曾提出过："这或许是性好猜忌的太祖，因宠将徐达、李文忠都失败，有意抑制冯、傅两将自身的跋扈，也未可知。"[1]这是从朱元璋本身的性格作为研究出发点，从当初他将自己最看重的大将徐达和李文忠作为战役核心，将冯胜和傅友德作为打酱油角色处理。但后来的战斗结果是他最看好的徐达和李文忠折戟沉沙，而被他派出去打酱油的冯胜和傅友德却取得了意料之外的大胜。这样的结果实在是打了朱元璋的脸，他本不是心胸宽广的帝王，因此找借口责罚取胜的冯胜和西路军也在情理之中。但这种猜测缺乏实际的史料记载，只能属于对历史事件的一种合理性猜测。

---

[1] 赵现海：《洪武初年甘肃地缘政治与明朝西北疆界政策——由冯胜"弃地"事件引发的思考》，《古代文明》，2011年第5期。

在史书中记载的朱元璋责罚取胜的冯胜和西路军的缘由主要有两点：一是冯胜和西路军私藏缴获的物资；二是冯胜放弃了甘肃，使得明朝丧失了对西域的统治，疆土的西端长期内缩在嘉峪关以东。

朱元璋批评冯胜的第一理由是冯胜带领手下私藏战利品。《明太祖实录》记载，"壬申，命赏征甘肃京卫军士一万四百三十五人白金四万四千两。时公侯、都督、指挥、千百户以匿所获马骡牛羊不赏。"

王世贞的《弇州史料》记载："时大将军达兵不利，左副将军文忠所失得相当，独胜以捷闻，而有言其匿私彤橐驺马者，赏不行。"

综合多种史料的记载来看，冯胜和他的西路军私藏缴获战利品的事实是存在的，但朱元璋对此的责罚并不严厉，他最生气的应该是冯胜直接放弃了甘肃的事件。

俞本在《纪事录》一书中就对冯胜弃地甘肃事件和私藏战争所得物资进行了较为详细的记载：

十二月，冯胜惧回鹘之兵，将甘州所葺城池、营房、仓库、转运米麦料豆二十余万石及军需尽焚之，弃城归，并宁夏、西凉、庄浪三城之地亦弃，仅以牛羊马驼令军人赶归。途中倒死者，军虽饥不敢食，仍负荷归，军人饿死载道，一无所问。上知之，追夺冯胜券诰爵禄，宥其罪，贬为庶人，录其家财，以牛羊骆驼马匹，令民牧养，愚民无知，驼死者并弃骨。胜后复职，憾之曰："驼虽死，骨安在"，令有司官拷掠征骨，致贫民卖子买驼骨偿之。[1]

俞本的《纪事录》对冯胜进行记载时带有贬低的倾向，冯胜的形象也偏向残暴和贪婪。记载中对冯胜放弃甘肃的原因是"惧回鹘之兵"，这里的回鹘之兵指的是东察合台汗国。但实际上当时的东察合台汗国不仅没有出动兵力趁机进取甘肃，反而因为冯胜的进军而受到惊吓。所以，冯胜因惧怕回鹘（东察合台汗国）而放弃甘肃的理由站不住脚。在后来的一些史书中，则提出了冯胜放弃甘肃的原因是当地已经成为空城。

还有一种原因指出，冯胜放弃甘肃是当地在安史之乱后被吐蕃等占领，后来由党项和蒙古等民族统治，在社会文化和生活方式等方面已经与中原地区有了很大区别，明朝不好实施直接统治。

但不论冯胜是出于何种原因放弃了甘肃，他都使得他西征的战果大打折扣，为后来（洪武九年）明朝再次经略河西走廊产生消极影响，也使得明朝西北疆域限制于嘉峪关以东（《九边图论》：宋国公冯胜下河西，乃以嘉峪关为限，遂弃敦煌焉）。这样的疆域使得明朝放弃了陆上丝绸之路的核心：西域。失去了陆上丝绸之路的明朝转而发展海上丝绸之路，得益于宋朝对海上丝

---

[1] 赵现海：《洪武初年甘肃地缘政治与明朝西北疆界政策——由冯胜"弃地"事件引发的思考》，《古代文明》，2011年第5期。

绸之路航线的开辟和经营，明朝时期海上丝绸之路因为郑和下西洋达到了顶峰，成为更加安全和高效的经济和文化交流方式，明朝也无心去经营遥远西域的陆上丝绸之路了。

而且，在岭北之战后，明朝对北元等势力基本采取了防守和拉拢政策，主动进攻的规模和次数都大大减少，对恢复西域统治更是无从谈起了，因而，冯胜的西征就无意间成了安史之乱以来，中原汉族王朝进入河西地区的首次作战行动。

但是到了永乐年间，明朝凭借强大的国力，对西域又开始积极经营，在明朝强大的军事力量下，"西域惮天子威灵，咸修职贡，不敢擅相攻"。朱棣对那些愿意归附自己的西域国家，采取了比较自由的羁縻管理，对那些不愿成为属国的西域小国，他也采取和他们通使和开展贸易的政策。

但与汉唐相比，明朝的最西疆域也只到哈密了。永乐二年，朱棣封安克帖木儿为忠顺王，也标志哈密正式成为明朝领地。永乐四年，明朝又设立哈密卫，在忠顺王府设经历、长史、纪善等官职，进一步加强了对哈密的管理。

【丝路余音】

明朝时期，中亚地区被出生在察合台汗国的帖木儿建立的帖木儿帝国所统治。明朝初年对西域的军事行动也极大地震慑了帖

第十二章 岭北之战

木儿。《帖木儿帝国》一书提到：明兵追逐敌人于塞外，在1370至1390年间，并入了若干蒙古属地。帖木儿也不得不称臣纳贡，所以帖木儿终身的梦想，就是解除这个藩属关系。从1387年起，帖木儿曾多次遣使进贡，在官方信件中帖木儿自称是"臣"。

但从1380年开始，这个帝国就逐步吞并了波斯，攻占了两河流域，征服了花刺子模和亚美尼亚等国。他甚至南下进攻印度，在德里屠杀了十余万战俘，打败了当初蒙古人没有打败的埃及骑兵，占领了叙利亚和大马士革。随着帖木儿在征服战争中不断取得胜利，他便不再屈尊于任何人。从1396年开始，帖木儿开始扣押明朝使者。

1402年，帖木儿在著名的安卡拉战役中打败了如日中天的奥斯曼帝国，他的帝国也达到鼎盛，他甚至觉得自己成为比肩成吉思汗的伟大征服者。信心爆棚的他准备东征明朝。1404年，他带着二十万大军踏上了东征的路途。但第二年二月，他却死在进军途中了，东征也就不了了之。

帖木儿死后，他的帝国在儿子们争夺王位的内乱中迅速衰落了。1507年，蒙古拔都后裔昔班尼终结了这个国家，建立了乌兹别克汗国。1710年，乌兹别克的明格氏族建立浩罕国，统治了西到咸海，东到巴尔喀什湖，南到喀拉提锦的广大地区。

1865年，浩罕国阿克麦吉特要塞司令阿古柏在新疆封建主们争斗时，趁机入侵新疆建立"哲德沙尔汗国"并称汗。1875年，清朝任命左宗棠为钦差大臣，负责收复新疆。1876年，左宗棠在今天的酒泉誓师，调集湘军将领刘锦棠的二十五营湘军进入北疆。8月，刘锦棠和金顺包围了古牧地，并用开花大炮轰塌了该城的城墙，攻占了该城。随后，刘锦棠率军向迪化（乌鲁木齐）挺进，兵到城下发现守军已逃，便兵不血刃地占领了迪化。同时，清军围攻玛纳斯城数月后，终于攻破该城。这时，北疆除伊犁被沙俄占领外，都被清军收复。

1877年，清军向南疆进军。4月攻占达坂城、吐鲁番、托克逊等地。9月收复喀喇沙尔和库尔勒，10月收复库车、阿克苏、克乌什等地。12月，收复喀什噶尔、叶尔羌、英吉沙尔。1878年1月，清军收复了南疆最后一城和阗。1881年2月，清朝驻英、法公使曾纪泽和沙俄在圣彼得堡签订了《中俄伊犁条约》，收回了伊犁。1884年，清朝在新疆设省，刘锦棠成为甘肃新疆巡抚。清军收复新疆，粉碎了英俄勾结阿古柏侵占我国领土的阴谋，维护了领土完整，故而意义重大。

更为重要的是，在那个帝国风雨飘摇的岁月，西域的危机再次唤醒了河西走廊，唤醒了中原人民对那条穿越无数高山、沙漠与荒原，将东西文明像血脉一样连在一起的丝绸之路。即使，那只剩下了支离破碎的故事，只剩下了烽烟散去后的苍白。

参考文献：

复旦大学文史研究院：《全球史、区域史与国别史》，中华书局，2015

齐木德尔吉：《游牧文化与农耕文化》，黑龙江人民出版社，2010

中国军事史编写组：《中国历代战争年表》，解放军出版社，2003

中国军事史编写组：《中国军事史》，解放军出版社，1986

（美）巴菲尔德：《危险的边疆——游牧帝国与中国》，江苏人民出版社，2011

（美）狄宇宙：《古代中国与其强邻——东亚历史上游牧力量的兴起》，中国社会科学出版社，2010

中华书局编辑部：《二十四史》，中华书局，1997

（西汉）司马迁：《史记》，中华书局，1982

（东汉）班固：《汉书》，中华书局，1962

（南朝宋）范晔：《后汉书》，中华书局，1965

（唐）魏徵：《隋书》，中华书局，1973

（宋）欧阳修、宋祁：《新唐书》，中华书局，1975

（后晋）刘昫：《旧唐书》，中华书局，1975

（宋）司马光：《资治通鉴》，中华书局，1956

（清）王先谦：《后汉书集解》，中华书局，1984

（宋）王钦若：《册府元龟》，中华书局，1960

（美）宋濂：《元史》，中华书局，1976

帕克：《简明匈奴史》，山东文艺出版社，2017

项英杰等：《中亚:马背上的文化》，浙江人民出版社，1993

王子今：《匈奴经营西域研究》，中国社会科学出版社，2016

杨建新：《西北民族关系史》，民族出版社，1990

杨建新：《中国西北少数民族史》，民族出版社，2003

杨建新、马曼丽：《西北民族关系史》，民族出版社，1990

余太山：《两汉魏晋南北朝与西域关系史研究》，中国社会科学出版社，1995

李大龙：《都护制度研究》，黑龙江教育出版社，2003

钟兴麒等：《西域图志校注》，新疆人民出版社，2002

中国第一历史档案馆：《清代中俄关系档案史料选编》，中华书局，1981

（法）雷纳·格鲁塞：《草原帝国》，商务印书馆，1998

余太山：《塞种史研究》，中国社会科学出版社，1992

余太山：《西域通史》，中州古籍出版社，2003

李树辉：《乌古斯和回鹘研究》，民族出版社，2010

耿少将：《羌族通史》，上海人民出版社，2010

李文实：《西陲古地与羌藏文化》，青海人民出版社，2001

参考文献

宋敏求：《唐大诏令集》，北京：中华书局，2008

岑仲勉：《西突厥史料补缺及考证》，北京：中华书局，1958

陈良伟：《丝绸之路河南道》，北京：中国社会科学出版社，2002

胡平生、张德芳：《敦煌悬泉汉简释粹》，上海古籍出版社，2001

崔明德：《两汉民族关系思想史》，人民出版社，2007

王治来：《中亚史—地区史系列》，人民出版社，2010

（意）马可·波罗：《马可·波罗游记》，中国文史出版社，1998

（法）雷纳·格鲁塞：《蒙古帝国史》，商务印书馆，1989

张廷玉：《明史》，中华书局，1974

谷应泰：《明史纪事本末》，中华书局，1977

编写组：《蒙古族简史》，内蒙古人民出版社，1977

（美）拉铁摩尔：《中国的亚洲内陆边疆》，江苏人民出版社，2006